AF242780

LA VÉRITÉ

SUR LES CENT JOURS.

DE L'IMPRIMERIE DE WEISSENBRUCH,
Imprimeur du Roi.

LA VÉRITÉ

SUR

LES CENT JOURS,

PRINCIPALEMENT PAR RAPPORT A LA RENAISSANCE PROJETÉE DE
L'EMPIRE ROMAIN ;

Par un Citoyen de la Corse.

« On doit des égards aux vivans; on
» ne doit aux morts que la vérité.
(Voltaire.)

BRUXELLES,

H. TARLIER, LIBRAIRE - ÉDITEUR,

RUE DE LA MONTAGNE.

M DCCC XXV.

AVERTISSEMENT

DES ÉDITEURS

Les considérations qui déterminèrent Napoléon à rentrer en France au mois de Mars 1815, les motifs qui précipitèrent son départ de l'Ile d'Elbe, sont encore aujourd'hui, sous bien des rapports, un mystère difficile à pénétrer.

Sujet de déclamations haineuses pour les uns, d'aveugle admiration pour les autres, de curiosité inquiète pour tous, l'épisode historique des Cent Jours est connu du monde entier, et dans le

monde entier, il est bien peu de personnes qui sachent comment il a été
préparé et quelle impulsion a déterminé cet événement.

L'ouvrage que nous présentons au
public est destiné à soulever en partie
le voile qui couvre la vérité ; et nous
aurions pu l'arracher entièrement, si
la mort avait enlevé tous les auteurs
des documens qui nous ont été communiqués.

Mais un petit nombre d'entr'eux vit
encore, et les lois de la morale veulent
qu'avant tout, l'histoire contemporaine
respecte leur repos, et ne compromette
pas leur vieillesse.

Deux seulement sont dans la tombe ;

nous croyons pouvoir les nommer.

L'un est cet illustre *Melchior Delfico*, conseiller d'état à Naples, auteur de l'*Histoire de la république de Saint-Marin* et de plusieurs écrits justement estimés, l'un des hommes les plus vertueux de l'Italie. Quoiqu'il n'y eût pas apposé sa signature, et ne l'eût pas rédigé dans son entier, c'est pourtant sous ses yeux, et presque sous sa dictée, que ce rapport fut écrit à Naples, sur la situation de l'Italie, lequel sera pour nos lecteurs un des morceaux les plus intéressans de cet ouvrage.

L'autre est le comte *Louis Corvetto*, justement regardé comme un des meilleurs jurisconsultes de Gênes, et peut-être de l'Italie entière, ancien membre du directoire exécutif de la république ligurienne, ensuite conseiller d'état de l'Empire français et ministre des finances sous les Bourbons, de 1815 à 1819.

Mais le comte Corvetto fut plutôt un simple confident qu'un véritable acteur dans le drame qui se préparait. Initié, l'un des premiers, aux secrets *du congrès italien*, il accompagna l'entreprise de tous ses vœux; mais soit crainte, soit lassitude ou défaut de confiance dans le succès, M. Corvetto ne donna pas aux projets des autres membres cet assentiment actif et efficace qu'on avait d'abord attendu de lui.

Du reste, ni les autres Italiens, ni

M. Corvetto ne furent jamais dans le secret de Napoléon en ce qui concernait ses projets sur la France, et la surprise du dernier fut égale à sa douleur, lorsqu'il apprit que, débarqué au golfe Juan, l'Empereur prenait, non la route de Rome, mais bien la route de Paris.

Le portefeuille où nous avons puisé nos matériaux est encore très-riche ; mais toutes ces richesses ne seront connues que de l'avenir, parce que les vérités qui en sortiront ne doivent coûter à personne une seule larme, ni même un seul moment d'inquiétude.

Nous avons pressenti les objections que peuvent faire naître contre notre véracité les scrupules si bien fondés qui nous arrêtent ; mais nous ne craignons pas les attaques de la malveillance , et nous prions le lecteur impartial de suspendre son jugement jusqu'à ce que les circonstances nous permettent de placer la vérité dans tout son jour , en ajoutant les *fac simile* des écritures , et en soumettant les *pièces autographes* qui nous ont été communiquées à un examen dont nous ne redoutons pas le résultat.

PRÉFACE.

On a beaucoup écrit, et beaucoup
trop écrit sur NAPOLÉON : peu de plu-
mes méritaient de parler de l'homme le
plus colossal que les siècles aient produit.

A côté des Las Cazes, des Montho-
lon, des Gourgaud ses fidèles amis,
étaient dignes de venir se placer les
O'Méara, les Stokoe, les Hobhouse ;
mais il est triste de penser qu'un sujet
qui aurait dû être sacré, si rien de sacré existait pour les hommes, ait servi
de pâture aux reptiles de la littérature
et de prétexte aux plus ignobles spé-
culations.

NAPOLÉON, ce prodige de la victoire, ce prodige des revers, cet homme des phénomènes, au-dessus des plus fortes dimentions connues jusqu'à ce jour; lui, l'arbitre de l'Europe qu'il avait vaincue, NAPOLÉON sur le trône ne fut point à l'abri des reproches, parce qu'étant homme il ne pouvait être infaillible. Mais, sur le rocher de son exil, il n'est que des infâmes, la honte du siècle, le rebut du genre humain, qui aient pu insulter à sa chute et refuser des larmes à son auguste infortune.

O Hudson Lowe ! La mémoire de Phalaris, de Procuste, de Néron, se perdra, tôt ou tard, dans le tourbillon des siècles : mais ton nom sera immortel, et sans besoin de renouveller l'incendie d'Ephèse, tu en as déjà assuré la transmission à la dernière postérité.

Cent victoires immortelles , depuis
Millésimo jusqu'à Ligny , et à. . . . .

« .... Ces cyprès beaux comme des lauriers. »

les revers de Waterloo , ces journées
de triomphe vivront dans les siècles ,
et tous les éteignoirs de la terre n'obs-
curciront pas un seul des rayons de leur
resplendissante auréole. Cependant ,
quelqu'immense que soit le souvenir
qui s'attache à cette monotonie de prodiges , devant lesquels Arbelles et Phar-
sale se perdent comme des atômes dans
l'espace , ce ne sont toutefois que des
luttes d'armées contre armées , où on
retrouve toujours une proportion dans
les forces et une alternative dans les
chances.

Mais l'épisode des *Cent Jours* n'a
rien qui lui ressemble. Il s'élève ma-

jestueux comme le géant de l'histoire,
entre les siècles passés et les siècles à-
venir : il leur dit : j'appartiens à NA-
POLÉON, comme lui je suis seul, et ne
serai jamais appareillé.

Un grand problème restait à résoudre sur cet immense événement. C'est
le sujet de cet ouvrage.

Hommes de tous les pays, de tous
les partis, qui voulez savoir à quoi vous
en tenir sur les cent jours, lisez.

Mais vous, braves, pleurez ; votre
père n'est plus !

Et vous légitimes couronnés, calmez
votre épouvante, le légitimé de la victoire est dans la tombe. Et si vous voulez n'avoir à redouter ni bouleverse-
mens ni cent jours, imitez Trajan,
imitez Marc-Aurèle, imitez le roi des
Pays-Bas.

LA VÉRITÉ

SUR LES CENT JOURS.

On était à la moitié du mois de mai 1814. L'empereur Napoléon se trouvait à l'île d'Elbe depuis le 5, et Louis XVIII aux Thuileries depuis le 8. L'aigle et le drapeau tricolore flottaient à Porto-Ferrajo, et les mouchoirs blancs aux croisées de Paris.

La grande chute paraissait consommée; la grande révolution accomplie : l'une et l'autre auraient pu l'être, si le congrès de Vienne l'eût voulu; mais l'aristocratie veillait, et l'empêchait de le vouloir.

L'Italie ouvrait les yeux, et, selon son habitude, les ouvrait trop tard.

Gènes ne pouvait plus douter d'être vendue : le roi de Sardaigne remontait sur son trône, et le roi de Naples commençait à s'apercevoir qu'il chancelait sur le sien. Eugène arrivait à Munich; et les fers de la belle Ausonie étaient rivés par ceux - là mêmes qui, la veille encore, lui juraient de les briser. Mais on avait oublié que nous étions au siècle des parjures, et surtout des parjures officiels.

Toutefois un petit nombre d'Italiens restait à la garde du feu sacré. Leurs intentions étaient pures, leur dévouement à toute épreuve, leurs lumières incontestables. Mais aucun n'était à la hauteur de l'entreprise : aucun n'avait un nom assez imposant, pour réunir la nation et l'armée, parler à l'imagination de l'une, garantir à l'autre la victoire, et contenir les partis. Saliceti était mort (*a*), et Saliceti possédait

(*a*) Saliceti, ancien conventionnel pour le département de la Corse, ministre de la police à Naples, y fut em-

après Napoléon, la tête la plus vaste et le caractère le plus fort de l'Europe.

Le plus grand malheur de l'Italie, c'est de n'avoir ni produit, ni formé de nos jours, un homme dont le génie marchât en ligne avec le génie du siècle.

Après les prodiges de Montmartre et les lâches défections de Fontainebleau, la France resta debout; mais l'Italie fut écrasée sous la chute du grand homme.

Cette poignée d'Italiens intrépides imagina de tirer parti de ce grand événement, dans le but de relever la patrie.

On n'avait pas de temps à perdre pour agir, avant que l'ancien régime se fût partout reconstruit sur les débris des libertés nationales.

Des émissaires avaient été, dès le mois d'avril, expédiés sur tous les points, afin de s'entendre

poisonné en décembre 1809, à un dîner que lui avait donné Maghella, préfet de police, son ennemi, avec qui il avait eu l'imprudence de se reconcilier : le coup venait de Sicile, on le disait *légitime*.

et de s'assurer de l'assentiment des hommes les plus influens de la péninsule (*b*).

Les réponses différaient sur les moyens, mais toutes concordaient quant au but; l'affranchissement, l'indépendance et l'union de l'Italie, n'importe à quel prix.

Ces bases fondamentales convenues, plusieurs réunions eurent lieu, d'abord à Turin, puis à Gênes.

Quatre séances furent tenues dans la première de ces deux villes, à chacune desquelles assistèrent quatorze membres (*c*). Après s'être demandé si on adopterait le système républicain ou le régime monarchique constitutionnel;

(*b*) Ceci remontait plus haut. Dès que l'invasion de la France avait fait pressentir la probabilité que l'Italie échappât à Napoléon, plusieurs Italiens s'étaient entendus sur les moyens à employer pour proclamer l'union et l'indépendance nationales.

(*c*) Deux Corses, deux Génois, quatre Piémontais, deux Italiens du royaume d'Italie, et les quatre autres des États Romains et des Deux Siciles.

si l'Italie serait une, ou partagée en gouvernemens fédératifs; après avoir ressuscité toutes
les chimères tour-à-tour en vogue depuis la naissance de la révolution, les deux hommes pré-
pondérans du congrès prirent la parole, firent
sentir qu'un seul moyen de salut restait pour
l'Italie, qu'il n'y avait point de choix, et dé-
clarèrent, quant à eux, qu'ils renonceraient
à toute participation, s'ils avaient la douleur
de le voir repousser.

Leur avis d'abord adopté, dans la troisième
séance, à la seule majorité de onze voix, le fut
à l'unanimité dans la quatrième.

La dépêche, dont la teneur suit, confiée
à la rédaction de quatre commissaires, dis-
cutée, examinée séance tenante, approuvée et
signée de tous, fut expédiée à Napoléon, dans
la nuit du jeudi 19 mai 1814 (*d*).

(*d*) Nous avons pensé qu'il serait agréable à nos lecteurs d'avoir sous les yeux l'original de cette pièce im-
portante; à cet effet nous leur offrons ici le texte italien.

A sa majesté l'empereur Napoléon à l'île d'Elbe.

Sire,

« Un petit nombre d'Italiens qui les premiers saluèrent en vous le libérateur de leur patrie, les plus constans admirateurs de votre gloire, parmi lesquels vous ne trouverez le nom ni des flatteurs de votre puissance, ni des transfuges de votre chute, chute que chacun d'eux voudrait avoir pu empêcher au prix de tout son sang, ont résolu de tenter un dernier effort,

A Sua Maestà l'Imperatore Napoleone all' Isola d'Elba.

Sire,

Un piccolo numero d'Italiani, i primi che salutarono in voi il liberatore della patria loro, che i primi furono eziandio ed i più costanti ammiratori della vostra gloria; frà i quali non troverete i nomi ne degl'adulatori del vostro potere, ne dei disertori della vostra caduta, caduta che ciascuno vorrebbe aver potuto impedire al prezzo del proprio sangue; han risoluto di tentare un

pour relever de sa longue ignominie le front abattu de la péninsule italienne.

« Ils viennent, au nom de la patrie, vous demander, Sire, votre nom et votre épée; et vous offrir en échange, la couronne du renaissant *Empire Romain.*

« Les conditions doivent être dignes d'un grand peuple : c'est assez dire qu'elle doivent l'être également du héros que ce peuple appelle à l'honneur de le gouverner.

« Que César soit grand, mais que Rome soit libre. »

« L'Italie a besoin de vous, Sire, et quoiqu'en

ultimo sforzo per far risorgere dalla lunga ignominia sua, l'abbattuta fronte della penisola italiana.

Essi vengono, Sire, in nome della patria, a dimandarvi il vostro nome e la vostra spada, e ad offrirvi in cambio, la corona del rinascente Impero Romano.

Le condizioni debbono esser degne d'un gran popolo. È quanto dire, che lo saranno altresi, dell' eroe che questo popolo chiama all' onore di governarlo.

« Que César soit grand, mais que Rome soit libre. »

L'Italia, Sire, ha bisogno di voi, e per quanto possan

disent les traités, la nature vous fit naître Italien : vous répondrez à son appel.

« Un grand levier est nécessaire : votre bras seul est assez puissant pour le saisir. Nouvel Archimède, appuyé sur le rocher de votre exil, éclairé par l'expérience de vos revers, animé par le souvenir de vos triomphes, vous releverez le Capitole; mais là, Sire, il faudra vous arrêter : l'éternel se reposa après avoir créé l'univers.

« L'entreprise n'est pas seulement gigantesque : elle est périlleuse, elle est ardue : elle n'en est

dirne i trattati, la natura vi fece Italiano; voi risponderete alla sua voce.

Una gran forza è necessaria. Il vostro braccio è solo, potente assai per dispiegarla. Nuovo Archimède, appoggiato sulla rocca del vostro esilio, istruito dall' esperienza dei vostri disastri, animato dalla rimembranza dei vostri trionfi, voi releverete il Campidoglio; ma là, Sire, abbisognerà fermarvi : stanco della créazione, l'onnipotente istesso non sdegnò riposarsi.

L'impresa non è gigantesca soltanto, ma bensi ardua

que plus digne de vous faire continuer cette carrière de prodiges, que vous avez déjà parcourue du Tibre au Nil et de l'Ébre au Volga.

« Sire, que les grandes leçons du passé servent du moins à l'avenir, alors l'avenir sera exempt de ces fautes, qui tant de fois ont remis en question, ce qui pourtant semblait si bien consolidé.

» Il faut renoncer, Sire, et renoncer sincèrement à ce système d'extermination universelle qu'entraine la conquête. Votre existence sera assez remplie, votre gloire assez radieuse, si

e perigliosa. Essa non sarà che più degna di farvi proseguire quella carriera di prodigj, che già percorreste dal Tevere al Nilo, e dall' Ebro al Volga.

Sire, che almeno le gran lezioni del passato servano all' avvenire : allora l'avvenire sarà scevro ed esente da quelli stessi errori che sì spesse volte hanno rimesso in questione, ciò che per altro tanto stabilmente consolidato sembrava.

È necessario, Sire, di rinunziare, e di renunziare sinceramente, a quel sistema di strage universale che seco loro recan le conquiste. La vostra esistenza sarà bas-

vous achevez la tâche dont la patrie vous in-
vite à vous charger.

» Vous avez appris au monde étonné, de
quoi votre épée était capable. Finissez de lui
montrer ce que peut votre génie, comme législateur et comme roi citoyen.

» Sire, faites un pas, poussez un cri, tout
sera debout.

» Dites, comme Dieu à la lumière, que
l'Italie se fasse, et l'Italie se fera.

» Si en descendant dans la tombe, vous pou-

tantemente accompita, la vostra gloria bastai temente
risplendente, se, dal canto vostro, accompite l'impresa
di cui la patria v'invita ad accingervi.

Voi mostraste all' attonita terra, ciò che potea la vostra spada. Terminate di provargli, ciò che può il vostro
genio come legislatore e come Rè Cittadino.

Sire, un sol grido vostro, un sol passo, basteranno
a far sorger la nazione intera.

Dite, come Iddiò alla luce, sì faccia l'Italia, e l'Itàlia
si farà.

Se mai nella tomba scender poteste, pria di averne

viez la laisser dans les fers, la terre de vos premiers exploits serait asservie pour jamais.

» Vous avez offert à l'admiration de l'univers la gloire des combats. Ne dédaignez pas d'adopter aujourd'hui la gloire de Washington.

Maintenant, sire, vous jugerez, quel immense parti vous pouviez tirer de deux peuples généreux, également démembrés, qui attendaient de vous leur renaissance nationale, et qui seraient accourus, des deux extrémités de l'Europe, vous rendre sur les bords de la Seine,

spezzati i ferri, la terra dei vostri primi trionfi sarebbe schiava in eterno.

Voi avete offerto all' ammirazione dell' universo la gloria delle pugne. Non sdegnate, d'adottare oramai la gloria di Washington.

Finalmente giudicar dovete, Sire, quale immenso partito trar potevate di due popoli generosi, l'uno e l'altro smembrati, che da voi aspettavano la loro rinascenza nazionale, e che accorsi sarebbero dalle due estremità dell' Europa, per rendervi, sulle rive della Senna, ciò che

ce que vous auriez fait pour eux sur ceux de la Vistule et du Tibre.

« Sire, ce n'est peut-être pas de la seule Italie qu'il s'agit : l'aurore des restaurations s'annonce déjà d'une manière hostile, ou du moins menaçante, pour les libertés des peuples; et il se peut que les destinées du monde entier doivent encore une fois dépendre de la vôtre.

« Vous avez vaincu l'Europe lorsque vous étiez l'allié des nations. Vous avez voulu devenir l'allié des rois dont vous étiez l'arbitre; c'est alors que vous êtes tombé.

voi fatto avreste per essi, sù quelle della Vistola e del Tebro.

Non della sola Italia, Sire, forse oggi sì tratta : già l'aurora delle ristorazioni si annunzia in modo ostile, minaccevole almeno, per le libertà dei popoli; e non impossibile sarebbe che i destini del mondo intero, trovarsi ai vostri alti destini, subordinati nuovamente dovessero.

Voi vinceste l'Europa finchè fosse l'alleato delle nazioni. Voleste divenire l'alleato dei rè di cui eravate già l'arbitro, fù allora sol che cadeste.

« Il est encore en votre pouvoir de vous mettre à la tête de la civilisation européenne. Si jamais le mouvement rétrograde parvenait à nous être imprimé, nous nous retrouverions peut-être aux Croisades.

« Sire, quand vous vous surpasseriez vous-même, jamais vous ne pourriez aller ni au-delà ni au-dessus des prodiges de Marengo et d'Austerlitz.

« Ce n'est donc plus dans les guerres que vous devez rechercher de nouveaux lauriers.

« Nous ne venons pas vous offrir le sang

Egli è pur anco in vostro potere di porvi alla testa della civilizazione Europea. Se mai il moto retrogrado giungesse ad esserci impresso, forse ci ritroverebbamo al secolo delle Crociate.

Giammai, Sire, per quanto vi sorpassaste voi stesso, non potreste andare ne al dilà ne al disopra dei prodigi di Marengo e di Austerlitz.

Non può adunque esser più nelle guerre, che la maestà vostra ricercar debba nuovi allori.

Noi non venghiamo, Sire, ad offrirvi il sangue dei popoli come l'appannaggio dei troni.

des peuples , comme l'apanage des trônes.

« Nous montrons à vos regards une nation asservie, qui demande un libérateur, qui consent à en faire son roi, si ce roi consent lui-même à ne voir dans la royauté que la suprême magistrature.

« Avant tout, il faut que Votre Majesté connaisse les bases fondamentales, qui sont d'une nécessité indispensable pour notre pleine coopération. Si elle les accepte, elle peut disposer de nos bras , de nos vies, de notre fortune.

Noi porgiamo ai vostri sguardi una nazion sottomessa che un liberatore di nuovo richiede ; che acconsente di farne il suo rè, se questo rè consente lui stesso, di non veder nello scettro che l'insegne della magistratura suprema.

Prima di tutto è indispensabile che vostra maestà conosca le basi fondamentali, che sono di una necessità *sine quâ non* alla nostra piena cooperazione. Se essa le accetta, vostra maestà potrà disporre del nostro braccio, della nostra vita e delle nostre sostanze. Siamo, è vero, in piccol numero, ma voi lo sapete, Sire, la nostr' anima

Nous sommes en petit nombre, Sire, mais, vous le savez, nos ames sont intrépides. Nous avons tous fixé les regards de la mort, la plupart dans les combats, et c'est la mort qui a reculé. Ceux de nous, dont la carrière fut étrangère aux armes, n'en ont pas moins fait leurs preuves. Ni les poignards, ni l'échafaud ne pourront nous faire pâlir; aucun péril ne nous fera hésiter, aucun obstacle ne nous arrêtera. Liés par un même serment, unis d'un même esprit, animés par une même pensée, un seul mot de Votre Majesté décidera de nos actions.

è intrepida, ciascheduno, di noi, la maggior parte nei campi, spesse volte fissò gli sguardi della morte, e non noi, ma la morte, bensi, gli abbassò. Quei, fra noi, la di cui carriera fù estranea all' armi, fecero egualmente, per altro, le prove loro. Ne i pugnalj ne i supplizj non ci faranno impallidire. Veruno ostacolo non potrà arrestarci; niun pericolo non ci farà vacillare. Mossi da uno stesso spirito, uniti da un medesimo giuramento, animati da un egual pensiere, una parola di vostra maestà sarà bastante a decidere delle azioni nostre.

«Quant aux moyens d'exécution, nous les subordonnons entièrement à la haute expérience, à la sagesse infinie de Votre Majesté, la priant d'examiner ceux dont nous avons esquissé les bases principales, dans la pièce B ci-jointe. La pièce A contient celles du pacte fondamental, qui nous a paru le plus propre à la consolidation de l'indépendance de la vraie gloire et de la liberté de notre pays. Nous ne saurions prêter notre coopération, sans que ce premier point ne fut, au préalable, convenu et irrévocablement arrêté.

Quanto ai mezzi di esecuzione, noi gli subordiniamo pienamente all' alta esperienza ed alla saggezza infinita della maestà vostra, supplicandola di esaminare quelli di cui abbiamo sbozzati gli elementi, nel progetto B quì inchiuso. Sotto la lettera A, vostra maestà troverà le basi principali del patto fondamentale che ci è sembrato il più proprio alla consolidazione dell' indipendenza, della vera gloria e della libertà del nostro paese. Noi non sapremmo prestare la nostra cooperazione, senza che questo primo punto, non fosse preventiramente convenuto e irrevocabilmente fissato.

« Nous confions le périlleux honneur d'apporter à Votre Majesté ces propositions sommaires, au plus jeune d'entre nous. Vous reconnaîtrez, Sire, un de vos braves de Marengo et de Jéna; il vous montrera ses cicatrices de Caldiero, d'Eylau, de Friedland, et vous n'aurez pas oublié son beau dévouement de Brienne et de Montmirail.

« Lorsque vous aurez donné à cet officier vos instructions pour les moyens ultérieurs de correspondre, et convenir d'un chiffre qui nous paraît indispensable, nous vous supplions de

Confidiamo al più giovine di noi, il periglioso onore di recare a vostra maestà queste sommarie proposizioni. Voi riconoscerete, Sire, nella di lui persona, uno dei bravi di Marengo e di Jena; esso potrà mostrarvi le sue cicatrici di Eylau e di Friedland, e non avrete al certo dimenticata la nobil condotta che tenne a Brienne e a Montmirail.

Allorchè vostra maestà avrà date le sue istruzioni a questo ufiziale per mezzi ulteriori di corrispondere, e che avrete indicata una cifra che ci sembra indispensabile, noi la

le renvoyer sur le continent le plutôt possible;
et comme il serait utile qu'il se rendît dans le
midi, Votre Majesté pourrait lui confier une
mission pour le roi de Naples, afin de l'accréditer auprès de ce prince et de le lui faire per-
sonnellement connaître comme revêtu, dans
cette occasion, de votre pleine confiance et de
la nôtre; car, le roi le connaît déjà comme un
vieux militaire sur lequel on peut compter. »

Nous sommes avec le plus profond respect,

De votre majesté,

Sire,

Les très-humbles et très-fidèles et dévoués,
les présidens et membres du congrès constitutif de l'empire romain.

(*Suivent les signatures.*)

Turin, le 19 mai 1814. Jeudi à minuit.

supplichiamo di rimandarlo sul continente il più presto
possibile; e come sarebbe utile ch' esso andasse nel mez-
zogiorno, vostra maestà potrebbe confidargli una mis-
sione pel rè di Napoli, all' oggetto di accreditarlo presso
di quel sovrano, e di farglielo personalmente conoscere
come investito, in questa occasione, della vostra piena

L'émissaire partit dans la nuit pour Savone;
mais au moment où il allait s'embarquer pour
l'île d'Elbe, il reçut un exprès du président
du congrès constitutif, qui, lui enjoignant de
se rendre sur-le-champ à une autre destination,
avant de passer dans l'île, l'autorisait à faire
parvenir ses dépêches par le moyen qui s'offrait de la garde, s'embarquant, alors même, à
Savone, ce qui fut ponctuellement exécuté.

L'officier écrivit lui-même à l'empereur, pour
lui expliquer le motif qui retardait son arrivée
dans l'île, joignit ses dépêches à sa lettre, re-

confidenza e della nostra pure; poichè, per il resto, il
rè ben lo conosce d'antica data, come un vecchio soldato sù di cui si può contare.

Noi siamo col più profondo rispetto,

 Di vostra maestà,

  Sire,

   Gli umilissimi, fedelissimi e devotissimi, il
   presidente e i membri del congresso constituente
   dell' impero romano.

    (*Seguono le quattordici firme.*)

Torino, giovedì a mezzanotte, il 19 maggio 1814.

mit le tout à qui devait en être chargé, et se rendit, en toute hâte, à sa destination.

Dans ces entrefaites, plusieurs riches capitalistes Génois mettaient à la disposition du congrès constitutif d'abord, puis de Napoléon s'il acceptait, une première somme de douze millions, monnaie de France. En tout, c'est l'argent qui est le nerf de la guerre.

Napoléon accepta, sans restriction, les bases constitutionnelles, promit le secret absolu qu'on en avait exigé (*e*), et fit plusieurs modifications au projet d'exécution. Ces communications parvinrent au congrès par un en-

(*e*) Dans une lettre particulière que le président écrivait à Napoléon, il lui faisait sentir la nécessité de garder le plus profond secret, envers les Français, sans en excepter ceux qui l'avaient suivi, non-seulement pour ne les avoir point comme antagonistes, mais encore afin de tranquilliser doublement les Italiens qui s'exposaient à de grands dangers. Cette lettre confidentielle n'est pas encore susceptible de publication.

voyé de Napoléon, et, de son côté, le congrès envoya un de ses membres en personne à l'île d'Elbe.

C'est ici, et avant d'aller plus loin, que trouvent naturellement leur place, les pièces A et B, dont il a été question.

La pièce A était conçue en ces termes.

PIÈCE A.

Bases fondamentales de la future constitution du renaissant Empire Romain.

1.

Le territoire de l'empire romain sera formé de tout le *continent* de l'Italie, et ne pourra pas être agrandi.

2.

Aucun traité de paix, en cas de guerre, ne pourra être signé, encore moins ratifié, s'il porte atteinte à l'article premier, soit en

Basi fondamentali della futura costituzione del rinascente Impero Romano.

1.

Il territorio dell' Impero Romano sarà formato di tutto il continente dell' Italia, e non potrà esser aggrandito.

2.

Nessun trattato di pace, in caso di guerra, non potrà esser firmato, meno ancora ratificato, se contiene la più leggera infrazione all' articolo primo, sia che questa aggrandisea, sia che ristringa, l'estenzione assegnata costituzionalmente all' Impero.

étendant, soit en diminuant l'étendue assignée constitutionnellement à l'empire.

3.

La nation Italienne appelle au trône Napo--léon Bonaparte, actuellement souverain de l'île d'Elbe, et, après lui, sa descendance mascu-line, en ligne directe, légitime, aux conditions expresses contenues dans le présent acte cons-titutif.

4.

En cas d'extinction de la ligne masculine, les femmes seront aptes à succéder au trône, aux conditions qui seront arrêtées.

3.

La nazione italiana chiama al trono Napoleone Bo-naparte, attual sovrano dell' isola d'Elba, e, dopo di esso, la sua discendenza mascolina, in linea retta, le-gittima, alle condizioni espresse, contenute nel presente atto costituzionale.

4.

In caso d'estinzione della linea mascolina, le donne saranno abili a succedere al trono, alle condizioni che saranno stabilite.

5.

Le souverain prendra et portera le titre d'*empereur des Romains et roi d'Italie*, par la volonté du peuple et par la grâce de Dieu.

Son avénement ne pourra être proclamé qu'après qu'il aura prêté solemnellement le serment, dont la formule sera prescrite, de fidélité à la constitution.

6.

Dans le cas où l'actuelle descendance légi-

5.

Il sovrano prenderà e porterà il titolo d'*Imperatore dei Romani e re d'Italia pella volontà del popolo, e pella grazia d'Iddio.*

Il suo avvenimento non potrà esser proclamato, se non che dopo il giuramento che da esse verra prestato, di cui la formula sarà prescritta, di fedeltà alla costituzione.

6.

Nel caso in cui l'attuale discendenza legittima dell'

time de l'empereur Napoléon Ier s'éteindrait, la couronne de l'empire romain passera au prince Eugène Beauharnais et à sa descendance légitime.

En cas d'extinction de sa descendance, la nation italienne appelle au trône le prince Lucien Bonaparte, frère de l'empereur Napoléon, et sa descendance dans l'ordre ci-dessus exprimé.

7.

Un acte constitutionnel supplémentaire fixera ce qui a rapport à la minorité, à la ré–

Imperatore Napoleone I° verrebbe ad estinguersi, la corona dell' Impero Romano passerà al principe Eugenio Beauharnais, ed alla sua discendenza legittima.

In caso d'estinzione della sua discendenza, la nazione italiana chiama al trono il principe Luciano Bonaparte, fratello dell' Imperatore Napoleone, e la sua discendenza nell' ordine di sopra espresso.

7.

Un atto costituzionale supplementarjo, fisserà ciò che riguarda la minorità, la reggenza, il caso di demenza

gence, et au cas de démence du souverain ou du prince héréditaire et de déchéance prévue par la constitution.

8.

Aucun des princes ou princesses constitutionnellement appelés au trône, dans l'ordre de successibilité, ne pourra, durant trois cents ans à dater de la promulgation de la constitution, contracter mariage avec aucun prince ou princesse des familles régnantes en Autriche, en France, en Espagne, ni avec celles qui ont régné à Naples, en Piémont, ou en

del sovrano o del principe creditarjo, non meno che quello di decadenza dal trono, previsti dalla costituzione.

8.

Veruno dei principi o principesse, chiamati costituzionalmente a succedere al trono, non potranno, durante trecento anni a partire dalla promulgazione della costituzione, contrarre matrimonio con nissuno dei principi o principesse delle case regnanti d'Austria, di Francia, di Spagna, e neppure con quelle che hanno reg-

d'autres états d'Italie. De tels mariages entraî-
neront de plein droit la déchéance soit à la
couronne, si elle est déjà possédée, soit à la
succession éventuelle, et l'exclusion, pendant
cinq générations, du sol de l'empire.

9.

L'article précédent ne porte aucune atteinte
aux mariages déjà contractés avant 1814, mais
en cas de veuvage, il reprend toute sa force.

10.

La souveraineté réside dans la nation italienne.

nato a Napoli, in Piemonte, o in altri stati d'Italia.
Tali matrimonj daranno luogo, di pieno diritto, dalla
decadenza, sia dal trono se di già è occupato, sia dalla
successione eventuale, e di più, l'esclusione durante cinque generazioni, dal territorio dell' Impero.

9.

L'articolo precedente non pregiudica per niente i matrimonj di già contratti prima del 1814, ma in caso
di vedovanja, riprende tutta lasua forza.

10.

La sovranità risiede nella nazione italiana.

11.

Le gouvernement dépositaire de cette souveraineté se compose de l'empereur, d'une chambre haute et d'une chambre de représentans, élus du peuple.

12.

La réunion de ces trois branches concourt à la formation de la loi, à la majorité des voix.

13.

Le sénat de l'empire, qui constitue la chambre haute, est à la nomination de l'empereur

11.

Il governo, dipositario di questa sovranità, si compone dell' Imperatore, d'una camera alta e d'una camera di rappresentanti, eletti dal popolo.

12.

La riunione di questi tri poteri concorre alle formazione della legge, alla maggiorità dei voti.

13.

Il senato dell' Impero, che forma la camera alta, è alla nomina dell' Imperatore, tratto da liste triple dei

sur des listes triples des colléges–électoraux ,
et se compose de deux cents membres, âgés
de trente ans, et jouissant au moins d'un re-
venu, net, de trente mille francs, en biens-
fonds , situés sur le continent de l'empire romain.

14.

La chambre des représentans se compose
de trois citoyens éligibles par chaque cent
mille ames de population, âgés de trente ans
révolus, présentant un cens électoral qui sera
ultérieurement déterminé par le congrès constituant.

collegi elettorali , e viene comporto di due cento membri , dell' età di anni trenta, possedenti almeno un en-
trata netta di trenta mila franchi l'anno, in beni stabili
situati nel continente dell' Impero Romano.

14.

La camera dei rappresentanti vien composta di trè
cittadini eligibili per ogni cento mila anime di popola-
zione, dell' età di anni trenta compiti, e possedenti un
censo elettorale che verrà ulteriormente fissato dal congresso costituente.

i5.

La première législature prendra le titre de congrès constituant : elle remplira les lacunes de l'acte constitutionnel, ou en expliquera et fixera les ambiguités, mais elle ne pourra point s'écarter des bases posées ci-dessus et dans la suite.

i6.

Tous les cultes, actuellement existans, sont libres et également protégés.

i7.

La liberté de la presse est garantie, sans qu'aucune restriction *préventive* puisse être introduite.

i5.

La prima adunanza legislativa prenderà il titolo di congresso costituente : essa dovrà riempiere le lacune dell' atto costituzionale, spiegarne e fissarne le ambiguità e dubbiezze; ma non potrà in conto alcuno allontanarsi dalle basi poste qui sopra e nel seguito.

i6.

Tutti i culti, attualmente esistenti, sono liberi e protetti egualmente.

18.

L'impôt doit être voté annuellement.

19.

Aucun étranger, même naturalisé, ne pourra siéger dans l'une et l'autre chambre, ni fils d'étranger.

20.

Il est expressément dérogé au précédent article, en faveur des étrangers qui auront combattu pour l'établissement de l'empire romain, s'il entraînait une guerre quelconque, dans le

17.

La libertà della stampa è garantita, senza che veruna restrizione *preventiva* possa esservi introdotta.

18.

Le imposizioni debbono esser votate annualmente.

19.

Nissun forestiere, ancor chè naturalizzato, non potrà far parte dell' una ne dell' altra camera, e neppuro i figli di forestieri.

20.

Viene espressamente derogato all' articolo precedente, infavore degli esteri che avranno combattuto per lo sta-

cas où ils obtiendraient leur naturalisation, mais ils ne pourront être élus que cinq ans, au moins, après leur naturalisation, ni être naturalisés avant la troisième année qui suivra la paix.

21.

L'empereur des Romains, roi d'Italie, ne pourra être appelé, d'aucune manière, à régner sur d'autres peuples, ni cumuler d'autres titres quels qu'ils soient, à peine de déchéance. Il en sera de même du prince impérial et de la princesse impériale.

bilimento dell' Impero Romano, se necessita una guerra qualunque semprechè ottenessero la loro naturalizzazione, ma non potranno essere eletti che cinque anni almeno dopa la loro naturalizzazione, ne esser naturalizzati prima del terzo anno che succederà alla pace.

21.

L'Imperatore dei Romani non potrà, in conto alcuno, esser chiamato a regnare sù di altri popoli, nè accumulare altri titoli qualunque si fossero, sotto pena di decadenza, lo stesso avrà luogo a riguardo del principe imperiale e della principessa imperiale.

22.

Dans le cas où la guerre serait suivie de victoires et de conquêtes territoriales, il en sera fait tel usage qu'il appartiendra dans l'intérêt de la nation italienne, sans qu'en aucun cas ni en aucun prétexte, cet usage puisse entraîner l'agrandissement du territoire de l'empire.

23.

L'empereur est tenu de convoquer une fois tous les ans, la représentation nationale : il peut dissoudre la chambre élective ; mais, en ce cas, les colléges électoraux sont de droit

22.

In caso di guerra e che questa fosse seguita da vittorie e conquiste territoriali, sarà fatto di esse l'uso conveniente il più vantaggioso per la nazione italiana, senza che in conto alcuno, ne sotto verun pretesto un tale uso potesse trar seco l'aggrandimento del territorio dell' Impero.

23.

L'Imperatore è tenuto di convocare una volta l'anno, la rappresentazione nazionale : esso può disciogliere la

convoqués dans le mois, à dater du jour de la dissolution.

24.

En cas de guerre étrangère ou civile et de danger de la patrie, déclaré par les deux pouvoirs législatifs, sur la proposition, soit de l'empereur, soit d'un législateur, l'empereur pourra être investi de la dictature, dont la durée n'excédera jamais six mois, ne pourra être prolongée sans interruption ni dans la même année, et qui ne donnera, en aucun cas, le pouvoir au dictateur, de rien changer quant à

camera elettiva, ma in tal caso, i collegj elettorali sono di pieno diritto, convocati nel mese, a partire dal giorno della dissoluzione.

24.

In caso di guerra estera o civile, e di pericolo della patria, dichiarato dai due poteri legislativi, sulla proposizione o dell' Imperatore o d'un legislatore, l'Imperatore potrà esser investito della dittatura, di cui la durata non dovrà eccedere sei mesi, nè esser prolungata senza interruzione, nè mai nello stesso anno, e chè

l'intégrité du territoire de l'empire, l'ordre de successibilité au trône, les mariages, les alliances, la souveraineté nationale, le partage du pouvoir, la liberté des cultes.

25.

Pour la défense des libertés publiques et de l'indépendance nationale, tout Italien est soldat, et l'armée se recrute par le mode actuel de la conscription.

26.

Le pied de paix de l'empire romain est de

in verun conto non darà al dittatore, il potere di fare innovazione alcuna relativamente all' integrità del territorio dell' Impero, all' ordine di successione al trono, ai matrimonj, alleanze, alla sovranità nazionale, alla divisione dei poteri, alla libertà dei culti.

25.

Ogni italiano è soldato per difendere le libertà pubbliche e l'indipendenza nazionale, e l'armata si alimenta per mezzo dell' attuale coscrizione.

26.

L'Impero Romano mantiene, sul piede di pace, un'

trois cent mille hommes de toutes armes, non compris les vétérans, les invalides, les gardes-côte, et l'armée navale; et ne pourra être diminuée avant quarante années, à partir de la promulgation de la constitution, ou de la ratification de la paix, en cas d'une guerre précédente à la reconnaissance de l'empire par les puissances étrangères.

27.

Le peuple italien déclare ne vouloir intervenir dans les affaires des autres peuples, et ne souffrira jamais qu'on intervienne dans les

armata di trecento mila uomini delle diverse armi; non compreso i veterani, gl'invalidi, le guardia-coste e l'armata navale; e non potrà esser diminuita prima di quarant' anni, a decorrere dalla promulgazione della costituzione, o dalla ratifica della pace in caso di una guerra, precedente alla riconoscenza dell' Impero per parte delle potenze estere.

27.

Il popolo italiano dichiara non voler mai intervenire negl' affari degl' altri popoli, come pure esso non

siennes. En conséquence de ce principe, il ne pourra être formé aucun traité d'alliance ni de subsides, qu'en faveur de l'intégrité du territoire italien ou de sa défense.

28.

Après la reconnaissance de l'empire, ou la paix générale, aucun corps étranger ne pourra être reçu à la solde de l'Italie.

29.

La dette publique est déclarée inviolable.

3o.

Les trois couleurs nationales sont conservées.

soffrirà che alcuno intervenga nei suoi. In conseguenza di che, non potrà esser formato nessun trattato d'alleanza nè di sussidj, che in favore dell' integrità del territorio italiano e della sua difesa.

28.

Dopo la riconoscenza dell' Impero, o dopo la pace generale, verun corpo di truppa estera non potrà esser ricevuto al soldo dell' Italia.

29.

Il debito pubblico è dichiarato inviolabile.

3r.

L'ordre national de la couronne de fer prendra le nom de la *légion d'honneur italienne :*
tous les titulaires actuels sont conservés et seront pourvus de la nouvelle décoration.

3ż.

La confiscation est abolie à dater du jour
de l'expiration ou de la quarantième année de
de l'empire romain, ou de la trentième année

3o.

I tre colori nazionali sono conservati.

3ı.

L'ordine nazionale della corona ferrea, prenderà il
nome, di *legion d'onore italiana :* tutti i titolari at-
tuali son conservati, e verranno provvisti della nuova de-
corazione.

3ż.

La confisca è abolita soltanto a partire della fine del
quarantesimo anno dell' Impero Romano, o del tren-
tesimo anno di pace; passato tal tempo, non potrà
esser ristabilita.

33.

L'isola dell' Elba forma parte integrale dell' Impero
Romano, ed eleggerà due rappresentanti.

de la paix : passé ces délais, elle ne pourra
pas être rétablie (*).

33.

L'île d'Elbe fait partie intégrante de l'empire romain, et aura deux représentans à élire.

34.

La représentation nationale sera renouvelée
intégralement, tous les trois ans.

35.

La personne de l'empereur est inviolable;

34.

La rappresentazione nazionale verrà rinnuovata inte-
gralmente ogni tre anni.

35.

La persona dell' Imperatore è inviolabile : lo è pari-

(*) On avait proposé d'abolir le calendrier grégorien : les uns voulaient
que le nouvel Empire Romain continuât la date du premier, et ils soute-
naient que puisqu'on datait ailleurs de la 19 année d'un règne qu'on avait
passé à faire ses paquets ou à courir la poste, il n'y avait pas de raison pour que le deuxième Empire Romain ne se déclarât l'héritier *légitime* du premier. D'autres auraient voulu que l'ère commençât avec la
seconde fondation, mais qu'on adoptât les dénominations du calendrier
de la république française, qui sont, sans comparaison, infiniment plus
sensées que les nôtres. Mais l'on pensa que ce changement pourrait blesser les sots et la canaille, toujours en majorité, et on décida de laisser
cet article au temps.

celle du prince ou de la princesse, appelés immédiatement à la succession, l'est également.

36.

Les ministres sont responsables, et la loi de
responsabilité devra être promulguée dans la
première législature.

37.

La liste civile, ou le traitement de l'empereur est de vingt millions de francs : la dotation
des princes et princesses de la famille impériale sera fixée ultérieurement.

mente quella del principe e della principessa, che sono
immediatamente chiamati alla successione.

36.

I ministri son responsabili, e la legge di responsabilità
dovrà esser promulgata nel corso della prima adunanza
legislativa.

37.

La lista civile, ossia trattamento dell' Imperatore, è
di venti millioni di franchi : la dotazione dei principi
et principesse della famiglia imperiale verrà fissata ulteriormente.

38.

Nessuno dei principi della famiglia imperiale non potrà

38.

Aucun prince de la famille impériale ne pourra occuper des postes d'administration civile, militaire ni judiciaire, être ministres à portefeuilles, ministres d'état ni ambassadeurs, évêques ou archevêques pourvus; mais ils pourront, à l'âge de vingt-cinq ans révolus, commander les armées de terre ou de mer, et être revêtus de grades militaires à leur majorité.

39.

Les princes sont membres du sénat par le droit de leur naissance, mais ne peuvent être présents aux séances avant l'âge de vingt ans,

occupare impieghi d'amministrazione civile, militare o giudiziaria, esser ministro a portafogli, ministro di stato, nè ambasciatore, vescovo o arcivescovo provvisto; ma potranno essi, all' età di venticinque anni compiti, comandare le armate di terra o navali, ed esser rivestiti, alla loro maggiorità, d'un grado militare.

39.

I principi sono membri del senato per diritto della loro nascita, ma non possono assistere alle sedute prima

ni avoir voix délibérative avant vingt-cinq.

40.

Les membres de l'ordre judiciaire seront inamovibles après leur nomination, et la prestation de leur serment de fidélité à la constitution et à la dynastie impériale.

41.

Aucun des membres de l'une ou de l'autre chambre, ne pourra occuper d'emploi amovible, et sera tenu d'opter.

42.

Le droit de faire grâce appartient à l'empe-

di aver compiti venti anni, nè aver voce deliberativa prima di venticinque.

40.

I membri dell' ordine giudiziario sono inamovibili dopo la loro nomina, e dopo di aver prestato giuramento di fedeltà alla costituzione ed alla dinastia imperiale.

41.

Veruno dei membri dell' una come dell' altra camera, non potrà occupare impieghi amovibili, e sarà tenuto di scegliere.

reur, ainsi que de diminuer les peines; mais à l'égard du crime de trahison, il ne pourra l'exercer que pour commuer la peine de mort en celle placée immédiatement après par les lois pénales.

43.

Le système décimal pour les monnaies, les poids et mesures linéaires, itinéraires et autres est adopté uniformément pour toute l'étendue de l'empire.

44.

Les cinq codes de France sont provisoire-

42.

Il diritto di far grazia appartiene all' Imperatore, non meno che di diminuir le pene; ma riguardo al delitto di tradimento, non potrà esercitarlo che per la permuta della pena di morte, in quella che viene immediatamente dopo nelle leggi penali.

43.

Il sistema decimale pelle monete, pesi e misure lineari ed itinerarie e altre, viene adottato uniformemente per tutta l'estenzione dell' Impero.

ment adoptés jusqu'à ce que la commission lé-
gislative ait proposé et la législature adopté,
les changemens qui seront jugés convenables.

45.

Les biens nationaux et les ventes opérées
sont inviolables.

46.

Ni le gouvernement constitutionnel, ni le
dictateur ne pourront signer la paix avec aucun ennemi, dont les armées n'auraient, au
préalable, évacué le territoire de l'empire romain.

44.

I cinque codici di Francia sono provvisoriamente adot-
tati, finchè la commissione legislativa abbia proposto ed
i legistatori abbian adottato i cambiamenti che verranno
giudicati esser convenevoli.

45.

I beni nazionali, e le vendite fatte, sono inviolabili.

46.

Nè il governo costituzionale, nè il dittatore, non potranno firmar la pace con verun nemico le di cui ar-

47.

La première législature aura lieu à Rome, la seconde à Milan, la troisième à Naples, chacune pendant trois ans, et recommençant dans le même ordre le tour de rôle, de trois en trois ans.

48.

Les ministres ne pourront appartenir à aucune des chambres, mais ils y devront être entendus.

49.

Aucun changement ne pourra être ni fait

mate non avessero prima evacuato il territorio dell' Impero Romano.

47.

La prima adunanza legislativa avrà luogo a Roma, la seconda a Milano, la terza a Napoli, ciascheduna per tre anni, nello stess' ordine per turno, di tre in tre anni.

48.

I ministri non potranno appartenere a veruna delle camere, ma vi dovranno essere intesi.

49.

Nessun cambiamento non potrà esser nè fatto nè pro-

ni proposé à la constitution, une fois celle-ci fixée à la première législature, avant vingt années à dater du jour de la reconnaissance de l'empire romain par toutes les puissances de l'Europe : la législature ne pourra en connaître que par un mandat spécial du peuple, et à la suite d'une convocation extraordinaire annoncée par une proclamation spéciale du gouvernement.

5o.

Si le trône venait par extinction de la ligne masculine, à être occupé par une princesse,

posto alla costituzione, dal momento che questa saià stata fissata nel corso della prima adunanza, avanti che siano scorsi vent' anni a partire dal giorno della riconoscenza dell'Impero Romano per parte di tutte le potenze Europee. I legislatori non potranno occuparsene che in virtù di un mandato speciale del popolo, ed in seguito di una convocazione straordinaria, annunziata per mezzo di una proclamazione speciale del governo.

5o.

Se per estinzione della linea mascolina, il trono ve-

le mari de cette princesse ne pourra ni com—
mander les armées, ni intervenir dans aucun
acte de la législature ni du pouvoir exécutif :
il jouira d'un apanage viager de deux millions.

51.

La garde nationale sera la seule force armée
pouvant faire le service dans l'enceinte des pa-
lais destinés à la représentation nationale.

52.

La résidence habituelle de l'empereur sera
fixée à Rome.

nisse ad esser occupato da una principessa, il marito di
questa non potrà nè comandare le armate, nè intervenire in nessun atto legislativo nè esecutivo. Esso goderà
di un appannagio annuo di due milioni, sua vita natu-
rale durante.

51.

La guardia nazionale è la sola forza armata che potrà
esser di servizio, nell' interno del palazzo destinato alla
rappresentanza nazionale.

52.

La residenza abituale dell' Imperatore sarà fissata a
Roma.

53.

Il sera établi quatre vice-royautés viagères, dont le siége doit être fixé dans les quatre villes, autres que Rome, les plus populeuses de l'Italie.

54.

Le prince Eugène sera pourvu de la première de ces quatre vice-royautés : elles seront à la nomination de l'empereur, à son choix, parmi les princes de sa famille, âgés de vingt-cinq ans révolus.

55.

Le prince héréditaire, ni la princesse héréditaire, n'en pourront jamais être pourvus.

53.

Verranno stabiliti quattro vicerè, la di cui residenza sarà fissata nelle quattro città, Roma eccettuata, le più popolate d'Italia.

54.

Il principe Eugenio sarà provvisto della prima di queste quattro cariche di vicerè. Saranno tutte alla nomina dell' Imperatore, a sua scelta, fra i principi della sua famiglia, dell' età di venticinque anni compiti.

56.

Ces grandes dignités de l'empire n'impliqueront, en aucune façon, l'existence de pouvoirs contraires à la constitution ni aux lois de l'état.

57.

Le congrès constituant fixera, dans la première législature, et par des lois organiques constitutionnelles, ce qui a rapport à la haute cour impériale, à la mise en accusation et en jugement pour des cas spécifiés, des princes et princesses ainsi que des ministres, des sénateurs, des représentans, etc., etc.

55.

Nè il principe ereditario, nè la principessa ereditaria, non potranno, in verun caso, esserne provvisti.

56.

Queste grandi cariche dell' Impero non potranno giammai supporre l'esistenza di verun potere contrario alla costituzione nè alle leggi dello stato.

57.

Il congresso costituzionale fisserà nella prima adunanza legislativa, col mezzo di leggi organiche costituzionali,

58.

Tous les Italiens étant égaux devant la loi, sont également admissibles aux emplois publics, civils et militaires.

59.

Les titres de noblesse, conférés depuis dix ans, sont seuls conservés, mais n'entraînent aucun privilège ; ceux qui seront accordés à l'avenir pour d'éminens services, seront sujets à la même restriction.

ciò che riguarda l'alta corte imperiale, l'accusa ed il giudizio, nei casi prefissi, dei principi e principesse, dei ministri, senatori, rappresentanti, etc. , etc.

58.

Tutti gl' Italiani essendo uguali in faccia della legge, sono ugualmente ammissibili agl' impieghi pubblici, civili e militari.

59.

I titoli di nobiltà conferiti da dieci anni in quà, sono i soli conservati, ma essi non conferiscono verun privilegio; i titoli che verranno accordati per l'avvenire per servigj eminenti, saranno soggetti alla stessa restrizione.

60.

L'initiative des lois appartient également à l'empereur, ou à l'une et l'autre des chambres.

61.

L'institution du jury est déclarée nationale et irrévocable, sauf les pouvoirs temporaires pour le cas de dictature.

62.

Les séances des chambres et celles des tribunaux sont publiques.

63.

Les députés qui siégeaient au corps légis-

60.

L'iniziativa delle leggi appartiene ugualmente all' Imperatore, e all' una e all' altra camera.

61.

L'istituzione del jurì è dichiarata nazionale e irrevocabile, salvo i poteri transitorj per il caso di dittatura.

62.

Le sedute delle camere e dei tribunali sono pubbliche.

63.

I deputati che sedevano al corpo legislativo del regno

latif du royaume d'Italie, à celui de Naples et à celui de la France pour les départemens italiens réunis à l'ex-empire, formeront le noyau du futur corps législatif pour la première législature.

———

Que de telles lois paraissent aux publicistes actuels, bonnes ou mauvaises, complètes ou non, ils ne pourront pas refuser leur admiration à ce travail, lorsqu'ils apprendront qu'il fût rédigé à la hâte, en peu d'heures, et même , pour ainsi dire, improvisé au milieu du tumulte d'une discussion animée et d'opinions discordantes.

D'ailleurs, son auteur dût sacrifier, plus d'une fois, l'inspiration de ses propres lumières, à des considérations d'un ordre supérieur : la noblesse et les décorations de chevalerie n'étaient pas, assurément, dans sa ma-

d'Italia , a quello di Napoli ed a quello di Francia pei dipartimenti italiani riuniti al già impero francese, formeranno l'anima del futuro corpo legislativo per la prima adunanza del congresso costituente.

nière de voir, mais il sentit la nécessité de ne point créer des résistances intestines pour des objets si minces. Les vice-royautés furent accordées aux prétentions que plusieurs villes d'Italie ont à être capitales.

On fut long-temps, avant de s'accorder sur deux points.

Les uns insistaient pour qu'il fut fait mention du pape : d'autres voulaient que la constitution autorisât, en thèse générale, soit le corps législatif, soit l'Empereur, à accorder des indemnités pécuniaires aux princes qui se trouveraient dépossédés par l'union italienne, notamment aux Rois de Naples et de Sardaigne.

Mais on décida qu'il fallait laisser cette matière aux événemens et à la sagacité de Napoléon, qui pourrait agir selon que le demanderaient les circonstances (*f*).

(*f*) L'avis du secrétaire du congrès prévalut en cette occasion.

« Si vous décidez, dit-il, que le pape restera en Italie,

Lorsque plus tard l'un des membres influens de l'assemblée de Turin se rendît à Porto-Ferrajo, dans les différens entretiens qu'il eût avec Napoléon, celui-ci témoigna, à plusieurs reprises, ses regrets de n'avoir pas marché de Fontainebleau sur Milan, à la tête de sa fidèle et brave armée, comme il en avait eu le projet; et il attribuait surtout aux conseils pusillanimes de Berthier et de Ney, de lui avoir fait préférer le parti de l'abdication.

Mais avant de poursuivre, il convient de rapporter tout ce qui peut être publié aujourd'hui, sans inconvénient, du contenu de la pièce B.

» vous portez à l'Empire Romain le coup de la mort, par
» l'acte même destiné à lui donner la vie. Si vous décidez,
» par contre, qu'il doit résider hors de l'Italie, vous allumez
» un brandon de discorde dont tous les partis s'empareront :
» le pape n'est qu'un fantôme, vous en ferez un Briarée.
» Attendez d'être forts, puis vous le mettrez à la porte : alors
» il ira où il voudra et deviendra ce qu'il pourra : vous
» n'avez pas besoin de vous en occuper maintenant. »

PIÈCE B.

Extrait du plan d'exécution pour arriver à la renaissance de l'Empire Romain, soumis à S. M. l'Empereur Napoléon à l'île d'Elbe, en date du jeudi 19 mai 1814, par le président et par les membres du congrès constitutif national, séant alors à Turin.

Les bases sur lesquelles repose le plan d'exécution, sont fort simples : les détails seuls peuvent devenir immenses et compliqués.

Les armées italiennes, dans leur état actuel, n'ayant rien d'homogène ni de national, ne sauraient suffire à imposer aux puissances, principalement à l'Autriche, la plus intéressée dans la lutte qui semble inévitable avant d'avoir atteint le but. Les Piémontais sont Piémontais, les Napolitains Napolitains, les Lombards Lombards; aucune de ces armées n'est encore *italienne.*

D'ailleurs, dans le moment actuel, il n'est dans toute l'Italie, d'armée proprement dite, qu'à Naples. Celle qui appartenait au royaume d'Italie, devenue la proie de l'Autriche, doit nécessairement être surveillée, peut même au gré du pouvoir, d'un moment à l'autre, être dissoute, et si les individus qui la composent sont susceptibles de rendre de grands services, considérés chacun en particulier, pris collectivement comme armée, on ne saurait nullement compter sur eux.

Les régimens piémontais vont sans doute se trouver dans la même position (*g*).

Il n'existe donc d'armée que celle du Roi de Naples. Seule elle sera insuffisante, mais son concours est indispensable; elle doit même former la base et le noyau de tout : elle doit être le pivot de l'entreprise.

(*g*) Cette armée fut conservée, mais on pouvait d'autant moins le prévoir alors, que le roi de Sardaigne déclara, en remontant sur le trône, que le passé serait considéré comme non-avenu.

Il est indispensable de lui adjoindre une autre armée, et c'est cette autre armée qui doit constituer la force principale. Cette armée ne peut être que celle du Roi de France.

Il est donc nécessaire que les rois de Naples et de France, concourent au succès de l'entre-prise; mais il faut bien se garder de le leur laisser soupçonner. Tous deux trembleraient pour leur trône, avec cette différence, qu'il faut que l'un conserve le sien et que l'autre le perde.

Il est impossible que l'on relève l'Empire Romain, formé de toute l'Italie continentale, sans que le roi Joachim ne descende du trône qu'il occupe actuellement.

Quant à la France, c'est précisément le contraire.

Il faut qu'elle reste ce qu'elle est, qu'elle y gagne même s'il le faut, pourvu qu'elle nous prête ses invincibles armées.

Ceci aura le double avantage de l'affaiblir de toutes les forces qu'en acquerra l'Empire

Romain. Alors, pendant que le gouvernement français, privé de ses vieux soldats, les verra sous les drapeaux de leur ancien capitaine, et se sentira menacé à l'intérieur, par l'inévitable fermentation qu'un aussi grand événement doit produire sur les masses du peuple français ; le cabinet des Thuileries se trouvera encore trop heureux d'obtenir la garantie du nouvel Empereur des Romains ; et les choses pourraient aller à tel point, que le premier ambassadeur qui viendrait saluer le Capitole, fut précisément l'ambassadeur de ce même roi de France, qui vient de remonter sur le trône de ses pères, par cela seul que Napoléon en est descendu. Il serait ainsi possible que les deux empires, liés par une mutuelle garantie, parvinssent à empêcher la guerre avec l'Autriche, et que l'Empire Romain prit place, sans coup férir, parmi les états du premier ordre en Europe.

Pour que les armées françaises et celles du roi de Naples, parviennent à coopérer au succès de la grande entreprise, il ne s'agit que de les mettre, peu importe comment, en contact l'une avec l'autre.

Comme il n'est guère probable que les deux gouvernemens forment jamais une alliance, et en viennent à un amalgamme de leurs troupes, il ne reste d'autre espoir que celui de les pousser à se faire la guerre.

Cela ne doit pas être impossible. Les Bourbons règnent en France, tandis que c'est un prince de leur famille qui occupait jadis le trône sur lequel Joachim est assis maintenant. Ce seul élément de discorde, habilement ménagé, pourrait suffire; on ne pense pas d'ailleurs qu'il soit difficile d'en susciter plusieurs autres au besoin.

Mais il est deux préliminaires essentiels, d'une conduite beaucoup plus délicate.

Le premier, c'est le choix du terrain où devront se joindre les deux armées, lorsqu'on aura réussi de mettre les deux gouvernemens aux prises. Il ne faut pas que la chose ait lieu sur le territoire français, encore moins dans les états napolitains : l'un pourrait conduire le Roi Joachim à Paris; l'autre le renverser, en conduisant à Naples les armées du Roi de France.

Il faut que la rencontre ait lieu dans une position centrale, relativement au grand coup qui va être porté.

D'une part, lorsque le moment sera venu où l'Empereur Napoléon pourra quitter son île, il faut qu'il ait la plus courte traversée à faire, pour éviter que le bruit de son départ ne précède le moment de son arrivée. Il faut que son retour produise, sur les ennemis, l'effet de la tête de Méduse, et qu'il apparaisse aux soldats comme le dieu de la victoire tombant du ciel parmi eux. Plus l'étonnement sera grand, plus la magie de l'enthousiasme sera puissante et magnétique.

D'autre part, comme il importe que la grande révolution soit *nationale* et non uniquement militaire, il faut que la première explosion arrive dans cette partie de l'Italie, connue par son amour de l'indépendance le plus prononcé, et sur un point également rapproché des villes de Gênes, de Milan et de Turin, dont l'esprit n'est pas douteux, et dont la prompte coopération peut exercer la plus grande influence sur le succès de l'entreprise.

Il faudra donc diriger tous les efforts, pour que cette rencontre ait lieu dans le Piémont. L'Empereur débarquant à Savone ou dans les environs, les populations voisines seraient travaillées d'avance pour qu'elles lui servissent de cortége, et, dans tous les cas, pour qu'il n'eût aucun retard à en attendre, ni la moindre résistance à combattre.

Le second préliminaire extrêmement délicat, c'est la manière d'insinuer aux deux populations, comme aux deux armées, des dispositions en apparence contraires, pour que, le jour du dénouement de ce grand drame politique, toutes se trouvent aboutir à un même centre de coopération, en y arrivant par des chemins opposés.

Il faut que l'armée napolitaine s'imagine qu'elle est appelée à venger Napoléon, à renverser les Bourbons et à délivrer la France, tout en délivrant l'Italie. Cette complication est utile pour que, quand Napoléon paraîtra dans ses rangs, elle le reçoive avec enthousiasme; qu'en attendant, elle s'explique à elle-même la marche qu'on lui fera faire à travers l'Italie, et sa halte dans le Piémont; et encore pour qu'elle n'aperçoive rien d'hostile à l'égard de son roi actuel, afin de ne mécontenter aucun de ceux qui lui sont attachés; car il importe de n'éveiller ni jalousies, ni méfiances, et de réunir, en un seul faisceau, toutes les coopérations, sans qu'aucune se doute d'avoir l'autre pour complice, moins encore pour rivale.

Mais à l'égard des deux dispositions à entretenir dans l'esprit des Français, notamment de l'armée, la difficulté est bien plus grande; cependant le succès en dépend entièrement.

Faire aimer Napoléon, intéresser toutes les classes à son infortune sera, sans doute, très-facile : le contraire seul serait plutôt une entreprise impossible ; et si les rapports qui arrivent déjà de la France sont exacts, ce qui est du reste assez vraisemblable, il pourrait arriver, de plus, que son gouvernement ne tardât point à y être regretté.

Mais il faut que l'espèce d'intérêt qu'on aura soin d'entretenir en France à l'égard de Napoléon, n'ait rien d'hostile en apparence pour le gouvernement royal, ni de propre à présenter le retour de l'Empereur sur la scène politique, même comme possible. Il n'en faudrait pas davantage pour qu'on prit le parti de le faire assassiner.

Il faut que Napoléon soit aimé, en France, uniquement comme homme, c'est-à-dire oublié comme souverain ; mais il faut que, comme homme, il y soit adoré ; afin que quand il apparaîtra de nouveau chef d'une armée, et régénérateur d'une nation, le gouvernement de la France qui n'aura plus de soldats sous la main, ne puisse opposer à Napoléon aucun mouvement populaire. Alors, désespérant de rien entreprendre contre lui, se sentant paralysé de tous côtés, il se trouvera dans l'inévitable disposition de l'appuyer, afin d'obtenir, à ce prix, que l'Empereur donne sa garantie de ne rien entreprendre à son tour contre le gouvernement royal de la France.

La principale difficulté, dans tout ceci, consiste à garder une juste mesure dans la direction à donner à la nature des regrets et à l'intensité des affections. L'Europe entière n'a peut-être qu'un très-petit nombre d'hommes suffisamment habiles pour manier avec succès, et diriger d'une manière inaperçue, tous les ressorts qu'il faudra mettre en jeu, dans ce sens, avec cette proportion qui est nécessaire à recueillir les avantages, sans rencontrer les inconvéniens. C'est assez dire de quelle haute importance est le choix des émissaires à employer, surtout en France (*h*). . . . . . .

(*h*) Ici se trouvait un long examen des qualités, pour et contre, de plusieurs individus proposés à l'empereur :

Leur tâche, relativement au roi de Naples, est beaucoup plus difficile, surtout à l'egard du soldat français.

L'inconcevable défection de ce prince a excité contre lui l'indignation générale, et celle de l'armée n'a point de bornes.

Or, il faut pourtant, et c'est la base de tout, si on parvient à pousser les deux cabinets à la guerre l'un contre l'autre, il faut que cette même armée française qui sera envoyée pour combattre Joachim, se range précisément sous ses drapeaux. C'est même dans les premiers momens de cette fusion que devra apparaître l'empereur, et apparaître inattendu de tout le monde.

Il faut qu'il le soit de Joachim, car celui-ci ne prêtera sa coopération qu'autant qu'il croira jouer le premier rôle; et il sentira bien que

on conçoit qu'il est impossible de publier actuellement ce qui concerne ces mêmes individus, la plupart peut-être encore existans.

cela lui serait impossible à côté de Napoléon.

Joachim doit se croire appelé à régénérer l'Italie, et peut-être à renverser les Bourbons, et alors à les remplacer. On ne saurait trop donner d'aliment à son ambition pour qu'il ne se doute de rien et qu'il agisse de bonne foi.

S'il arrive que Joachim doive mettre en avant le nom de Napoléon, ce doit être comme épouvantail, mais il est essentiel qu'il croye très-positivement l'Empereur décidé à ne plus reparaître en scène, et même, le voulut-il, dans l'impossibilité d'y parvenir.

Il faut que Napoléon soit inattendu des soldats, et surtout des soldats français; sans quoi jamais on ne parviendrait à amener ceux-ci aux dispositions envers Joachim, qui sont pourtant nécessaires, afin qu'ils se déterminent à se ranger sous ses drapeaux, quand on les enverra pour le combattre.

C'est ici que se fait sentir l'importance de calculer, pour ainsi dire avec la précision mathématique, l'heure et le moment où l'Empereur devra paraître dans les rangs. Trop tôt il pourrait succomber sous le poignard de quiconque tremblerait de voir en lui un rival, plutôt qu'un allié et un protecteur. Trop tard on pourrait prévoir ce retour, et en paralyser les effets. Cela ne serait jamais possible que partiellement, mais dans une entreprise de cette nature, il faut n'avoir que des armées à combattre : les résistances morales pourraient devenir infiniment plus funestes que les baïonnettes.

Pour réhabiliter le Roi de Naples dans l'esprit des Français, surtout de l'armée, il serait peut-être utile d'accréditer l'absurde bruit qu'on avait répandu, qui consistait à présenter la défection de ce prince comme simulée, et même opérée de concert avec l'Empereur Napoléon lui-même, dans l'intérêt des plus hautes combinaisons politiques et pour le salut de la France.

C'est ici le cas d'appliquer cette maxime d'un ancien, rappellée par Montesquieu (*i*),

(*i*) Esprit des lois.

qu'il faut que le peuple croie beaucoup de choses fausses, et en ignore beaucoup de véritables.

Il convient que les émissaires à envoyer en France soient en très-petit nombre, parce qu'il est indispensable qu'ils puissent être initiés au secret de l'entreprise sans restriction. Ce n'est pas tout; il faut choisir des hommes vertueux et d'un grand talent politique, afin de leur laisser une sorte de latitude discrétionnaire, pour modifier au besoin les instructions qui leur seront données.

Il est donc essentiel que ce soient des hommes sûrs, à toute épreuve, d'une sobriété reconnue, d'un désintéressement notoire, d'une grande présence d'esprit pour parer à tous les cas possibles. Ces qualités sont déjà rares, mais ce qui l'est d'avantage, c'est qu'il faut qu'elles se combinent avec d'autres qualités qui leur sont presque toujours opposées. D'ordinaire ceux qui possèdent les premières, sont des hommes froids, et ici nous avons besoin d'une activité prodigieuse et du zèle le plus ardent.

Il faut que leur cœur soit habitué depuis long-
temps à battre pour les conceptions géné-
reuses, pour la gloire des périls et pour les
actions extraordinaires. Ceux qui possèdent ces
dernières qualités sont généralement vifs, im-
prudens, et l'entreprise peut manquer par la
plus légère imprudence. Une haute instruction doit s'allier à un vaste usage du grand
monde et des camps, à un esprit remarqua-
ble, et s'il se peut, à une insinuante amabi-
lité de caractère.

Le nom d'un brave, connu pour tel, serait
convenable ; il faudrait cependant le choisir
dans des rangs intermédiaires, afin qu'une di-
gnité trop élevée ne l'empêchât pas de se mêler,
au besoin, dans des rangs subalternes, sans
éveiller des soupçons.

Il faut enfin ne pas faire tomber ces choix
sur des hommes qui ayent marqué en France,
par des excès ou des exagérations, pour qu'ils
puissent obtenir du crédit et de la considération, sans toutefois aller jusqu'à devenir suspects.

On s'est beaucoup étendu sur les qualités nécessaires, parce que jamais choix ne fut ni plus difficile, ni plus important.

Sa Majesté pesera dans sa sagesse les qualités des candidats qu'on soumet à son choix, et si elle connait des individus qui leur soient préférables, elle est priée, en les désignant, de nous instruire avec le plus de détail possible de tout ce qui leur est relatif, afin que le congrès puisse en user, avec chacun, selon son aptitude et son mérite (*k*).

(*k*) Voici un fait qui donnera une idée de la sagacité prodigieuse et de la mémoire étonnante de Napoléon.

Après avoir approuvé quelques-uns des choix du congrès, Napoléon indiqua un capitaine comme réunissant au plus haut degré les qualités requises, et ordonna qu'on prit des informations pour savoir s'il n'avait pas été tué dans les dernières guerres. Les recherches furent faites sur-le-champ, le capitaine fut trouvé, on lui confia l'une des missions les plus scabreuses, et il est impossible de croire à quel point il déploya d'activité et d'intelligence. Or, que l'empereur eût connu à fond les qualités d'un

Mais il devient indispensable d'avoir quelqu'un d'éminent en France, dans le secret, qui puisse directement ou indirectement toucher les grands ressorts, et les faire mouvoir, même à leur insçu, dans le sens de l'entreprise. Par exemple, un homme assez initié dans les secrets du passé pour savoir sans tâtonner, et en quelque sorte, à coup sûr, à qui s'adresser, afin d'accaparer les secrets de l'avenir, gagner les hommes susceptibles d'être gagnés, diriger ou fourvoyer ceux sur lesquels on ne pourrait point exercer d'action plus directe ou immédiate.

Comme le motif déterminant de toute l'entreprise est une grande absurdité vers laquelle il s'agit de pousser le gouvernement français, consistant à le mettre en discorde avec le Roi de Naples au point d'en venir à une rupture, il est permis d'espérer, si on en

général, on le concevrait sans peine ; mais il est surprenant que ses regards aient pu descendre jusqu'aux grades si inférieurs.

juge par l'aurore de la restauration, qu'on éprouvera moins de difficulté que s'il s'agissait d'entraîner ce même gouvernement français à quelque chose de raisonnable, de juste et de sage.

Toutefois comme un seul homme éclairé dans les conseils du Roi de France, suffirait pour faire tout avorter, et que s'il s'y glisse par hasard, il est urgent, coûte qui coûte, de l'en éloigner ; il faut avoir en France, à Paris même, un ou deux personnages assez éminens pour tenir les fils réunis de la trame, et assez sûrs pour leur dire de quoi il s'agit sans restriction.

Sa Majesté saura mieux que personne, sur qui porter ses regards.

Les membres soussignés du congrès se borneront à dire ici, quels sont les personnages qu'il ne faut ni employer ni initier. Ils ne consentiront à avoir aucun rapport, ni avec les maréchaux ci-après désignés . . . . ,
ni avec le prince de Talleyrand, ni avec le

duc d'Otrante ; quoique ces deux derniers puissent être éminemment utiles par leurs vastes lumières et leurs immenses antécédens ; mais l'essentiel leur manque pour inspirer la confiance, dont ils se sont rendus à jamais indignes à la face du monde, par leur versatilité de caractère et leur immoralité notoire.

Le congrès désirerait que le choix de Sa Majesté ne tombât pas davantage, ni sur le prince Berthier, ni sur le duc de Vicence, ni sur le prince Lebrun, parce qu'on ne croit pas qu'ils possèdent l'énergie nécessaire pour entrer de pleine intention dans une telle entreprise, en acceptant toutes ses combinaisons, toutes ses chances, jusques et compris la confiscation (*l*) et l'échaffaud. Or, les hommes qui s'embarquent dans la mer orageuse des grandes conceptions politiques, doivent avoir pour devise : *réussir* ou *périr*.

(*l*) La charte royale, dont la date est du 4 juin, et qui abolit la confiscation, n'était pas encore publiée le 19 mai 1814 quand ceci fut écrit.

Il faut pour ainsi dire, qu'ils ayent le courage de placer, de leur propre main, la mort à califourchon sur leurs épaules, et de cheminer froidement de la sorte jusqu'au bout du sentier périlleux où ils se sont engagés (*m*).

D'ailleurs ces messieurs sont trop vieux ou trop riches, et ne sauraient que risquer aux changemens, sans pouvoir s'élever en aucune hypothèse au–dessus de ce qu'ils sont, et d'où il n'est guère probable que le gouvernement français ose tenter de les faire descendre, quoiqu'il pût le désirer.

Ni probité, ni patriotisme, ni lumières, ni considération, ni intrépidité, ni énergie ne manquent au vertueux défenseur d'Anvers ; mais, reste à savoir si l'ex–ministre Carnot,

(*m*) Le mot *cavalcioni* du texte italien, ne pouvait être parfaitement traduit que par le mot français *à califourchon* : l'un et l'autre sont du style familier, et pourraient être, par cela même, déplacés dans un écrit de ce genre, si on n'eût jugé devoir en conserver tout-à-fait la physionomie originale.

conventionnel et votant , aurait assez d'accès auprès des puissans du jour , pour agir avec succès, dans le cas où il consentirait à se charger de l'entreprise, et où il plairait à Sa Majesté de lui en confier le secret.

Signé comme la pièce **A.**

Turin , le 19 mai 1814.

Ces bases arrêtées de toute part, on se mit en mouvement.

Des hommes sûrs furent envoyés dans les principales villes d'Italie et de France.

En Italie leur mission était de montrer généralement le Roi de Naples, comme le centre de toutes les espérances de la régénération italienne : de parler de Napoléon comme du seul homme au monde, qui, à la vérité, avait eu en son pouvoir, de consolider cette grande entreprise, mais en présentant comme impossible son retour sur la scène politique.

Ceci avait le double but de perpétuer son souvenir dans tous les cœurs Italiens , afin de les trouver tous prêts à s'enflammer lorsqu'il aurait reparu ; cependant sans le rendre trop redoutable aux nouveaux gouvernemens italiens, jusqu'au jour où ils se réveilleraient au bruit de leur propre chute et des acclamations de tout un peuple, saluant du nom d'Empereur des Romains, celui qu'il avait salué vingt ans plutôt, comme vainqueur et libérateur de l'Italie.

On ne devait *prédisposer* à la possibilité du retour de Napoléon, sans cependant les mettre dans le secret, qu'un petit nombre d'hommes éclairés, qu'il fallait tenir prêts pour le jour du dénouement comme des jalons en état de guider le peuple, et de dissiper les incertitudes où devaient nécessairement l'avoir jetté les deux dispositions contradictoires dans lesquelles la prudence voulait qu'on l'entretint.

Les vêpres siciliennes avaient offert, il est vrai, le prodige d'un secret gardé par une population toute entière, et, qui plus est, par une population de Napolitains; mais les élémens n'étaient plus les mêmes : d'ailleurs ,une imprudence, pour avoir réussi une fois, n'en est pas moins une imprudence, et c'eût été jouer trop gros jeu que de la renouveller en 1814.

Ainsi qu'on a pu le voir plus haut, la tâche des émissaires, envoyés, en France, devenait incomparablement plus difficile et délicate : elle était, en outre, bien plus périlleuse.

Il fallait donc réunir à une grande habileté et à un grand dévouement, une ame fortement trempée pour le cas de revers, et enfin beaucoup d'habitude du cœur humain, et de connaissance du caractère français, principalement dans le militaire.

De tels hommes ne sont pas faciles à trouver.

On se borna donc à n'envoyer en France que deux émissaires, l'un pour le civil, l'autre pour le militaire, sous la direction d'un troisième, ayant seul le secret tout entier, et seul investi du droit de correspondre directement avec l'Empereur à l'île d'Elbe et avec le congrès constituant, dont le siége n'était déjà plus à Turin.

La charte royale venait d'être publiée; et sans parler de son préambule où figurent, entre autres, Philippe-le-Bel et Charles IX, on se souvient que parut aussitôt la singulière ordonnance, sur les fêtes et dimanches, qui lui servit, en même temps, et de pendant et d'antidote.

Tout le monde était mécontent en France; ainsi s'aplanissaient les difficultés de l'entreprise à mesure que les fautes du gouvernement se multipliaient.

Un ministère imbécille, un gouvernement constitutionnel, datant de la dix-neuvième année du règne, une cour asservie aux rêves et aux prétentions arrogantes et ridicules de l'aristocratie, tous les médaillons de Coblentz et tous les camées de l'émigration d'accord à japer dans les salons et les antichambres contre un quart de siècle de victoires; toutes les taupes de la France criant au meurtre parce que la gloire nationale leur donnait le marmaryge et l'ophtalmie; le légion d'honneur et le minis-

tère de l'intérieur abandonnés à deux prêtres (*n*), qui avaient converti leurs bureaux
en séminaires, où l'on ne voyait que des ra-
bats, où l'on ne parlait qu'à des abbés; l'étoile
des braves prodiguée à des cuistres, et les
agnus distribués aux invalides et aux jeunes
géans qui avaient combattu à Montmartre ;
puis le *sacristain apporte* (*o*); puis la mauvaise querelle suscitée à l'un des plus braves
et des plus illustres d'entre les meilleurs gé-
néraux de l'armée, le comte Excelmans; puis
l'odieuse conduite tenue envers la garde; puis

(*n*) L'abbé de Montesquiou et l'abbé de Pradt.

(*o*) Peu après la restauration de 1814, un ancien émi-
gré se trouvant à l'église de son village dont il était jadis
le seigneur, prétendit, lors de la distribution du pain
béni, qu'on allât le lui offrir le premier, et se mit à crier
à tue-tête. — *Sacristain apporte.* — Le sacristain n'ap-
porta pas, et tout le monde se prit à rire et s'amusa beaucoup des trépignemens de sa seigneurie. Mais cette scène
burlesque, dont les feuilles de l'époque firent mention,
mit, tout d'abord, les prétentions de la caste à découvert.

la langue française torturée par l'abbé de Montesquiou dans la pitoyable discussion sur la liberté de la presse, et le mot *prévenir*, étonné d'être devenu, par la grâce de Dieu et par arrêté de son excellence, le synonyme du mot *réprimer*; puis toutes les propriétés de la France remises en question à propos de la restitution aux émigrés des biens non vendus; jalon de discorde, pierre d'attente de spoliation pour arriver un jour à autre chose; enfin cette profusion de sottises entassées, avec tant d'autres, en si peu de temps, simplifiait tous les jours la tâche des émissaires envoyés en France.

A peine la restauration était-elle opérée que déjà tout le monde murmurait, et c'étaient les nobles qui criaient davantage.

Quoique la charte parut n'être là que pour la forme, et que l'Europe entière crut déjà savoir à quoi s'en tenir sur sa valeur, le mot seul en était devenu insupportable à l'aristocratie, laquelle dès le 1er. avril, aurait prétendu rétrograder au siècle du *grand roi ;* de ce roi , visitant le parlement, la cravache à la main ; qui s'écriait : *l'état, c'est moi ;* proférait cette auguste impertinence et signait ses *fetfa* entre l'absolution d'un jésuite et les agaceries d'une courtisane.

Dès le commencement de juin , Napoléon avait déjà désigné un personnage revêtu de sa confiance , avec lequel devait s'aboucher le principal émissaire , envoyé en France ; également du choix de l'Empereur, sur la proposition du congrès.

C'est ici, avant d'aller plus loin, qu'il convient de rendre compte des conférences qui eurent lieu dans une petite ville de la Brie, où ces deux personnages, l'un venant de Paris et l'autre d'Italie, se rendirent vers la dernière semaine de juin, et le commencement de juillet 1814.

Cet épisode offre à l'histoire du siècle, l'un des documens les plus précieux d'entre tous ceux qu'on ait jamais recueillis.

6.

L'objet de cette rencontre était de rechercher quels pourraient être les moyens à employer, en France, pour amener une guerre
entre le cabinet de Naples et celui des Thuileries; car il ne faut pas perdre de vue que le
succès de la grande entreprise reposait entièrement, comme base fondamentale, sur la
rencontre des deux armées.

Il devenait toutefois essentiel de ne pas trop
précipiter le dénouement, afin de donner le
temps aux grandes armées alliées, notamment
à celles de la Russie, les plus nombreuses, les
plus braves, conséquemment les plus redouta-
bles, de se disloquer en s'éloignant le plus possible du théâtre des grands événemens qu'on
préparait. On regardait, il est vrai, comme
peu probable, que toute l'Europe voulût reprendre les armes et s'engager dans une lutte
qui, à proprement parler, n'intéresserait plus
que l'Autriche; et que, pour empêcher Napoléon de s'asseoir sur le trône de l'Empire Romain, contenu par une constitution ne laissant

aucun accès à sa passion des conquêtes, on osât courir la chance de pousser à bout le premier capitaine des temps anciens et modernes, et le forcer à reprendre en sous-œuvre une nouvelle marche militaire, qui pouvait bien de nouveau le conduire en triomphe dans les murs de Vienne, de Berlin, de Madrid, de Moskou, dont la victoire lui avait si souvent tracé le chemin.

Toutefois, comme cette hypothèse devait entrer dans la balance des possibles, il fallait tâcher de conduire l'explosion à un moment où la dissémination des forces européennes pouvait être accomplie, sans cependant le reculer au point d'avoir refroidi les esprits, ou donné le temps à d'autres événemens, en dehors du projet, de venir s'intercaler dans les rouages, compliquer ou entraver l'exécution.

Les plus hautes questions allaient être traitées dans les conférences de la Brie, mais quelques-unes des matières qu'on y discuta ne sont pas encore mûres pour l'histoire.

C'est donc au milieu des traces encore fu-
mantes des conflagrations de la guerre, parmi
les dévastations et les ruines, sur un même
terrain, où les interlocuteurs pouvoient s'être
rencontrés quatre mois plutôt, dans des sphè-
res différentes, et comme défenseurs du sol
sacré de la patrie, et comme acteurs, admirateurs et témoins tout à la fois de cette lutte
auguste, prodige des prodiges, qui avait, quatre fois en six semaines, mis les forces de
l'Europe sur le point de succomber sous le génie d'un seul homme, et sous les coups d'une
poignée de héros; c'est, enveloppés des formes
d'une rencontre de famille, d'une partie de
plaisir, que, vêtus de simples redingottes, à
peine décorés d'un modeste ruban, l'un arrivant par la diligence, l'autre écartant ceux
qui l'avaient suivi, dans une méchante au-
berge d'une petite ville à-peu-près subur-
baine; c'est là qu'allait se débattre la question colossale de la renaissance du grand empire; c'est là que l'on allait discuter par quels

moyens Napoléon , évoquant les mânes de Scipion , de Camille , de Brutus , irait s'asseoir sur ce même trône, au pied duquel César était *tombé.*

Après les complimens d'usage , et la vérifi-cation respective des pouvoirs, les conférences commencèrent , et les interlocuteurs s'exprimèrent ainsi qu'il suit (*p*).

(*p*) On a cru devoir conserver la forme de dialogue , afin de rendre aux entretiens leur vérité textuelle, et même leur familière simplicité , et transmettre ainsi la naïve expression des pensées respectives , telles qu'elles furent émises dans la conversation, entre le *Personnage* et l'*Émissaire.*

DIALOGUE

ENTRE

LE PERSONNAGE ET L'ÉMISSAIRE.

LE PERSONNAGE.

Mais, que diable voulez-vous faire de l'Empire Romain ?

L'ÉMISSAIRE.

Quelque chose qui, dans les mains de Napoléon, aille, peut-être, jusqu'à faire oublier les prodiges de l'Empire Français.

LE PERSONNAGE.

Chimères !

L'ÉMISSAIRE.

Pas tant qu'on le pense.

LE PERSONNAGE.

Ce pays-là n'est pas encore mûr pour la liberté.

L'ÉMISSAIRE.

Et qui aurait dit, il y a vingt ans, que la

France serait sitôt mûre pour la servitude ?
Il ne faut jamais jurer de rien.

LE PERSONNAGE.

La France se relevera plus forte et plus res—
plendissante que jamais : c'est sur quoi vous
pouvez compter.

L'ÉMISSAIRE.

Je le désire de tout mon cœur. Elle en
est digne : on l'a surprise plutôt que terras-
sée. L'Europe a mendié contre elle, toutes les
trahisons intestines, ne se sentant pas de taille
à la vaincre par la force. Mais, occupons-nous,
s'il vous plaît, de l'Italie, objet principal de
notre rencontre.

LE PERSONNAGE.

L'Italie sera libre ou esclave, selon que la
France sera l'une ou l'autre : seule, elle ne
peut se relever de quelques siècles.

L'ÉMISSAIRE.

Ce qui se prépare, ce que nous sommes
destinés à concerter ensemble dans nos conférences actuelles, est précisément dans un

sens diamétralement opposé à ce que vous venez de dire.

Le personnage.

D'accord ; mais aussi, je crois que vous me quitterez avec des idées arrêtées, bien différentes de celles que vous avez apportées ici en arrivant. On ne relève pas l'Empire Romain avec une population qui va à la messe.

L'émissaire.

Cependant, l'Empire Romain existait, dans toute sa splendeur, quand il avait des poulets sacrés et des augures qui se rencontraient sans rire.

Le personnage.

C'est une affaire toute différente, dont l'examen serait long et hors du sujet qui nous occupe. Il s'agit de tirer l'Empereur de son île d'Elbe : jusque là nous sommes tous d'accord ; mais c'est pour revenir en France et non pour l'envoyer à Rome, où il ne pourrait pas se maintenir six mois. Pour qu'il puisse y aller, d'une manière permanente, il faut qu'il prenne, auparavant, la route de Paris.

L'ÉMISSAIRE.

Ce serait là le vrai moyen, selon moi, de perdre la France et l'Italie d'un même coup.

LE PERSONNAGE.

Comment donc ?

L'ÉMISSAIRE.

Cela me parait fort évident, dès que les quatre principales puissances de l'Europe ont déclaré, en entrant à Paris, au mois d'avril dernier, ne vouloir pas seulement traiter avec Napoléon, ni avec aucun des membres de sa famille ; si maintenant on le rappellait en France, et si on en expulsait les Bourbons, on reverrait les Cosaques, les Anglais, les Prussiens et les Autrichiens à Montmartre, pour renverser de nouveau l'Empereur et rétablir les Bourbons.

LE PERSONNAGE.

Doucement, s'il vous plaît, doucement : Vous mêlez là, beaucoup de choses qui sont, entre elles, fort distinctes : dans des questions de cette importance, il faut tout simplifier, et, surtout, il ne faut rien confondre.

D'abord, ne parlez pas de l'Autriche. L'Empereur François a , sans doute, été entraîné par les événe mens , et trompé par ceux qui travail laient en faveur des Bourbons , et qui n'étaient pas encore assez forts pour agir ouvertement. L'Empereur d'Autriche fut éloigné à dessein, par des perfides , au moment où les armées alliées reçurent l'ordre de marcher sur Paris. Jamais il n'avait été dans ses intentions de détrôner sa fille chérie , son petit-fils qu'il aime beaucoup , ni même, je crois, Napoléon, quoiqu'il lui fît la guerre.

Les meneurs du 31 mars tremblaient que ce prince n'arrivât , avant que tout ne fût décidé; et leur frayeur prouve suffisamment combien peu ils espéraient de se le rendre propice. C'est déjà beaucoup qu'ils aient obtenu son silence. Mais si de nouveaux événemens rappellaient Napoléon, comptez bien que l'Autriche ne se mêlerait plus d'aucune coalition : et s'il s'agissait de passer la couronne au Roi de Rome sous la régence de Marie-Louise, on pourrait alors s'attendre que loin d'avoir les Autrichiens à combattre, on les aurait pour auxiliaires.

Ensuite, l'alliance de l'Europe s'est vue une fois : ce siècle, à peine commencé, ne verra certainement pas la seconde. Les alliés ont autre chose à faire, que de dépeupler leurs états et d'épuiser leurs finances, pour s'établir les paladins perpétuels d'un gouvernement, chaque fois que des secousses sans cesse renaissantes, menaceraient de le renverser de nouveau.

La coalition déclara, dans un moment d'humeur, qu'elle ne traiterait plus avec Napoléon; mais, alors, on était en guerre. Ce sont là des mots, qu'il faut bien apprécier à leur juste valeur. En matière de gouvernement, on ne doit tenir compte que des faits, jamais des simples paroles. Le monde est plein d'exemples contradictoires; on s'accable aujourd'hui d'imprécations; demain on s'embrasse, selon que l'intérêt réciproque, ce qu'on nomme *raison d'état*, exige qu'on fasse l'un ou l'autre.

On ne remet pas toute l'Europe en combustion, le lendemain de la paix générale, pour rétablir un ordre de choses, tombé deux fois par sa faute. Car, n'en doutez pas, tout l'annonce déjà, un peu plutôt ou un peu plus tard, ce gouvernement tombera de nouveau, et cette fois s'il ne pouvait pas se relever?

Si ce n'est pas Napoléon qui lui succède, ce sera la république : alors les orages révolutionnaires recommenceront plus que jamais : la combustion peut devenir générale; gagner, en même temps, le nord et le midi; or, tenez pour bien certain qu'à ce prix, les Rois de l'Europe ne demanderaient pas mieux que de voir Napoléon reprendre les rênes du pouvoir. Au moins, ce serait toujours, pour eux, un monarque, et son gouvernement une monar-chie.

Et quand même les souverains craindraient que l'Empereur recommençât ses promena-

des militaires, ce qui, du reste, n'est ni probable ni même plus possible, celles-ci leur
causeraient toujours beaucoup moins d'effroi
que la propagation, chez les peuples, des doc-
trines démocratiques.

Plus ou moins, à la paix on recouvre
presque toujours ce qu'on a perdu, ou bien,
on en est quitte pour des contributions; et
ce sont les nations qui payent celles-ci, non
ceux qui les gouvernent. Au lieu que ce
qu'on perd en obéissance, de la part de la
multitude, une fois qu'elle a secoué le joug,
ne se regagne jamais.

L'ÉMISSAIRE.

Tout ce que vous voudrez : je crois qu'il
y aurait beaucoup de choses à objecter encore, en réponse à ce que vous venez de dire
à l'appui de votre thèse.

Toutefois, je veux admettre, un instant,
que ce qui vous paraît vrai le soit réellement,
encore restera-t-il que les puissances de l'Europe se sont trop prononcées, trop fortement

mises en avant, afin de rétablir en France l'ordre de choses actuel , pour que décemment, elles puissent le voir tomber de nouveau et après si peu de temps, sans renouveller leurs efforts , afin de le relever une seconde fois. Convenez-vous, du moins, que l'Angleterre, la Russie, la Prusse et l'Espagne reprendraient les armes ? . . . .

. . . .

LE PERSONNAGE.

Soit, mais . . . .
puis, s'il n'y en avait plus , vous concevez, j'espère, qu'alors il leur serait impossible de les secourir.

L'ÉMISSAIRE.

D'accord s'il n'y en avait plus qu'un vieux , et dit-on, infirme; mais la famille est très-nombreuse. Si une seconde révolution venait à les éloigner de nouveau , ce pourrait n'être pas le même, mais il ne lui manque pas de successeurs; il y en a toujours un qui reviendrait.

Le personnage.

Nous sommes d'accord sans nous en douter....

L'émissaire.

Il ne faut pas se faire d'illusion. L'Empereur en trouverait toujours un à combattre; maintenant .surtout qu'ils ont appris qu'on peut rentrer même après vingt ans, ce serait à n'en plus finir.

Le personnage.

.   .   .   .

.   .   .   .

.   .   .   .   *(q)*

Regardez cet obstacle comme s'il n'existait pas.

(*q*) Ici l'on a cru devoir interrompre ce dialogue, lui faire plusieurs mutilations; les matières qu'on y discute, ne paraissant pas de nature à pouvoir être publiées, sans éprouver, au moins, plusieurs modifications : toutes les lacunes seront indiquées par des points, comme ci-dessus.

                    (*Note des éditeurs.*)

L'ÉMISSAIRE.

Je ne vois pas trop comment . . . . .

. . . .

. . . .

Le PERSONNAGE.

Avant deux mois vous le verrez.

L'ÉMISSAIRE.

Il ne faut pas se créer des chimères.

Le PERSONNAGE.

Je ne me crée nullement des chimères. Je vous répète qu'avant deux mois, ce sera un obstacle écarté.

L'ÉMISSAIRE.

Et moi je vous répète, à mon tour, que je ne vois à cela aucune possibilité.

Le PERSONNAGE.

Aucune?

L'ÉMISSAIRE.

Non, absolument, aucune.

Le PERSONNAGE.

Rien n'est pourtant plus aisé : écoutez-moi

. . . .

.   .   .   .

.   .   .   .

L'ÉMISSAIRE.

Grand Dieu! comment! .   .   .   .

.   .   .   .

.   .   .   .

LE PERSONNAGE.

Je croyais venir ici pour parler à un homme
d'état, et non à un novice. En politique,
il n'est pas de plus grands crimes que les
chûtes.

L'ÉMISSAIRE.

Je crois que mon noviciat durera autant
que ma vie.

LE PERSONNAGE.

Alors, ne vous mêlez ni de l'Empire Romain ni de Napoléon; mangez, dormez, amu-
sez-vous et lisez des romans, ou bien, faites
de la politique pour avoir le beau plaisir d'être
pendu ou fusillé sans avoir été, en dernière
analyse, d'aucune utilité pour vous, ni pour
le parti que vous servez.

Il faut des géants pour les révolutions, et

je n'ai connu, jusqu'ici, que des pygmées, à commencer par Napoléon lui-même.

L'ÉMISSAIRE.

Je me consolerai d'être pygmée, si j'ai l'honneur de l'être, de compagnie avec un tel colosse.

LE PERSONNAGE.

Si nous sommes ici pour faire des épigrammes, lisons Martial ensemble, j'y consens ; mais si nous nous sommes réunis pour parler d'affaires, il faut, avant tout, raisonner et raisonner sérieusement.

L'ÉMISSAIRE.

D'accord, mais il est des choses que je ne puis me résoudre à regarder comme des *affaires*. Raisonnons : je ne demande pas mieux, et je suis persuadé que vous finirez alors par tomber d'accord avec moi.

LE PERSONNAGE.

J'en doute beaucoup.

L'ÉMISSAIRE.

Et moi je l'espère.

LE PERSONNAGE.

Voyons, je vous écoute.

L'ÉMISSAIRE.

Avant tout, faites-moi la grâce de m'expliquer entièrement ce que vous voulez dire.

LE PERSONNAGE.

Très-volontiers : rien n'est plus aisé : .

. . . . : . . . . . .

. . . .

. . . .

N. B. Ici, le dialogue se continue sur des matières qui ont paru aux éditeurs devoir être supprimées presqu'en entier ; ce qui forme une lacune de trois à quatre pages : on en a laissé subsister, par extrait, tout ce qu'on a pu communiquer sans inconvénient.

LE PERSONNAGE *reprend.*

Vous m'avez promis de raisonner, et vous me faites du sentiment. Il faut disséquer ces sortes de questions avec autant de présence d'esprit et de sang froid, qu'en met Dubois à disséquer un cadavre, et ne nous point embarrasser davantage du mauvais côté qu'elle présente, qu'il ne s'embarrasse lui, de la mauvaise odeur qui s'en exhale.

L'ÉMISSAIRE.

Eh bien ! raisonnons, disséquons la question ; je m'engage à ne me point laisser rebuter par sa mauvaise odeur. D'abord, cette question se subdivise elle-même en une multitude de questions secondaires.

LE PERSONNAGE.

Subdivisez la tant que vous voudrez, elle n'en seraq ue mieux éclaircie.

L'ÉMISSAIRE.

Admettez-vous, du moins, qu'il s'agisse d'un crime épouvantable ?

LE PERSONNAGE.

Pas de grands mots, s'il vous plaît; l'épouvantable n'a rien à faire là-dedans que pour les femmelettes, et je vous répète qu'en politique les seuls crimes ce sont les chûtes...

. . . .

L'ÉMISSAIRE.

Allons, ne discutons pas sur les mots.

Je ne suis pas de votre avis. Mais, vous, convenez donc, du moins, que, dans le langage ordinaire, ce serait un crime.

LE PERSONNAGE.

Sans doute;

L'ÉMISSAIRE.

Alors de quel droit. . . . .

LE PERSONNAGE.

Encore un mot à rayer du dictionnaire des hommes d'état. En politique, il n'existe ni *droit* ni *devoir*. Dès qu'il s'est trouvé, sur la terre, deux hommes ensemble, le *droit* a été remplacé par le *fait*. Le plus fort a acquis, de fait, le *droit* de devenir le maître du plus faible. . . . .

L'ÉMISSAIRE.

Juste ciel ! mais tant de personnes étrangères à la politique, tant de . . . .

LE PERSONNAGE.

Oui, c'est un malheur, j'en conviens; mais quand un mal est inévitable, pour arriver à un plus grand bien, il faut s'y résigner.

L'ÉMISSAIRE.

Le principe est juste, c'est l'application qui ne l'est pas . . . .

. . . .

Permettez moi une question. Votre théorie est-elle générale, ou seulement applicable à l'espèce?

LE PERSONNAGE.

Elle est générale, depuis le commencement du monde jusqu'à la fin.

L'ÉMISSAIRE.

Prenez garde; en ce cas, vous autoriseriez la réciprocité. Il n'y aurait pas de raison, se-lon cette même théorie, pour que l'émigra-tion, aujourd'hui triomphante, ne s'avisât pas de nous exterminer tous, nous autres enfans de la révolution, si elle avait la force de le faire.

LE PERSONNAGE.

Et qui vous le nie ? Elle n'y manquerait même pas, soyez en certain, si le nombre, le courage et la force se trouvaient de son côté. Cette fois-ci vous raisonnez : mais quand vous mettez en avant les grands mots, je n'ai pas de réponse à vous faire. Le résultat de tout ceci, c'est que le proverbe a raison. *Il vaut mieux tuer le diable que de s'en laisser tuer.* Les intérêts nationaux et les intérêts anti-nationaux, ne peuvent pas faire ménage ensemble. Il faut que l'un des deux cède la place à l'autre : sans quoi, on s'exterminera peut-être encore en Europe, dans deux siècles d'ici pour décider la question : ce sera pis que la lutte de la réforme, qui a déjà tant coûté de sang.

L'ÉMISSAIRE.

Permettez-moi une dernière question. Aimez vous Napoléon ; je veux dire sa personne, sa gloire individuelle et politique?

LE PERSONNAGE.

Je crois lui en avoir assez donné de preuves.

L'ÉMISSAIRE.

Et que dira l'Histoire, d'un retour, à supposer qu'il s'effectue, marqué par une action qu'elle mettra en pendant avec la Saint-Barthélemy ? Quoi, s'écriera la postérité, le vainqueur d'Austerlitz et de Friedland. . . . . .

. . . .

LE PERSONNAGE.

Une chose à la fois, s'il vous plaît. La Saint-Barthélemy n'a rien à faire là-dedans, par la raison que. . . . . - . .

. . . .

. . . .

. . . .

Et quant à la gloire de Napoléon, elle aurait voulu que le vainqueur d'Austerlitz et de Friedland ne terminât pas sa carrière à l'île d'Elbe : puisqu'il y est, l'intérêt de cette gloire exige qu'il en sorte, mais qu'il en sorte pour toujours et non pour y être refoulé de nouveau. L'Histoire dira cela : les femmelettes diront tout ce qu'elles voudront, mais ce n'est pas afin de leur épargner des vapeurs qu'on écrira l'histoire, ni que nous nous rencontrons ici pour la faire.

Il me reste une observation à ajouter. Si, au commencement de la révolution, on avait été obligé de sacrifier quelques milliers de personnes, et qu'à ce prix il eût été possible d'épargner à l'humanité les horreurs de 1793 et une guerre générale, qui, durant vingt ans, lui a coûté plusieurs millions d'hommes, vous conviendrez, j'espère, que ç'eût été un moindre mal pour un plus grand bien.

Encore un mot, je vous prie. Si je suis bien informé, vous êtes un ancien républicain, et, soit dit en passant, je vous avoue n'avoir jamais donné dans les rêves de la démocratie. Mais, peu importe : de quel œil regardez-vous, par exemple, les deux Brutus : l'un immolant son bienfaiteur, sachant qu'il est son père, l'autre prononçant, contre ses fils qu'il aime, l'arrêt de mort, pour le salut de la patrie?

L'ÉMISSAIRE.

Ce sont là de sublimes abominations, d'atroces vertus, que l'horreur m'empêche de qualifier.

Le personnage.

Mais, vous sentiriez-vous la force de les imiter, en cas pareil?

L'émissaire.

Non, assurément.

Le personnage.

Si c'est ainsi, ne vous mêlez jamais de politique. Savoir mourir, c'est la vertu des dupes. La première vertu des hommes d'état, c'est de savoir réussir; et, pour réussir, il leur faut, avant tout, posséder cette force d'ame (car cette force devient elle-même, alors, une vertu), nécessaire pour imposer silence aux mouvemens de la sensibilité, naturelle à tout homme doué d'un cœur bien fait.

Probablement, vous aurez conçu de moi une idée épouvantable. En tout, il faut séparer les hommes et les principes. Je vous ai parlé le langage austère de ceux-ci, abstraction faite des hommes, et je puis vous assurer que, pris individuellement, je ne suis l'ennemi personnel d'aucun. Je verrais l'un de ceux du parti que je combats, en danger de se noyer, que je me jetterais à l'eau pour l'en tirer, au risque de m'y noyer moi-même, car mes yeux ne me montreraient alors, en lui, que mon semblable en péril. Au lieu que, dans les grandes questions politiques, les rapports individuels disparaissent toujours : les hommes ne sont plus, alors, que des abstractions morales, utiles ou nuisibles. Si je trouve un appui, je calcule jusqu'où je peux m'en servir : si je rencontre un obstacle, je le renverse, sous peine d'être moi-même renversé (r).

Si je servais la cause de l'aristocratie, je dirais contre nous, ce que je dis maintenant dans nos intérêts.

Ici les deux interlocuteurs passèrent à l'examen des moyens qu'on pouvait employer pour amener une rupture entre les cours de Naples

(r) Le général Donnadieu développa une théorie à peu près semblable, quand il proposa de déporter dans des îles lointaines, les anciens partisans de la république et de Napoléon.

et de France; mais ces détails sont trop liés à certains hommes et à certaines places, pour pouvoir en dire davantage sans commettre de grandes indiscrétions....

Du reste, le *Personnage* déclara que la chose présentait plus de difficultés qu'on ne le pensait; qu'il espérait, toutefois, qu'on pourrait y parvenir, mais que l'Empire Romain ne subsisterait pas six mois.

Avant de se séparer, l'*Émissaire* obtint que le *Personnage* suspendrait toute disposition tendante à l'exécution de ses projets, jusqu'à ce que Napoléon en eût été instruit, et l'on convint, de part et d'autre, de lui écrire sur-le-champ.

Les réponses de l'île d'Elbe ne se firent pas attendre.

Elles apportèrent *l'ordre le plus formel de renoncer à toute idée de ramener Napoléon en France (s), et principalement*

______

(s) Ceci prouve qu'alors Napoléon ne songeait nul-

à toute espèce de projet pouvant avoir pour résultat ou pour but, de verser une seule goutte de sang, n'importe de quelle manière; ajoutant que c'était mal connaître l'empereur, ses intéréts, son cœur et ses intentions, que de prétendre le servir d'une manière qui ne fût pas conforme à sa véritable gloire.

lement à redevenir empereur des Français; l'idée ne lui en vint que très long-temps après, comme la suite de cet ouvrage l'explique.

DEUXIÈME RAPPORT

A S. M. l'Empereur Napoléon (t), en date du 3 Juillet 1814.

Sire,

C'est de la petite ville même de ***, que je me hâte d'avoir l'honneur d'informer Votre Majesté de ce qui s'y est passé, depuis le 26 juin, jusqu'aujourd'hui 3 juillet, inclus que le *Personnage* (u) en est reparti à midi pour Paris.

Avant d'aborder l'essentiel que Votre Majesté trouvera, je pense, de la plus haute gravité, il me paraît convenable de l'instruire d'une légère transgression que, toute réflexion faite, j'ai cru utile de commettre au sujet de mes instructions; non que l'objet vaille la peine

---

(*t*) Le premier rapport n'est point encore du domaine de l'Histoire.

(*u*) On conserve, ici, cette dénomination de *Personnage*, afin de faciliter l'intelligence du lecteur.

de l'occuper ; mais afin que, si elle venait à en être instruite par d'autres que moi, n'en connaissant point le motif, elle n'ait à l'attribuer à une légereté de ma part, ce qui pourrait lui occasionner des inquiétudes.

J'ai donc jugé devoir prendre ma voiture avec moi, car je n'aurais pu la laisser, sans inconvénient nulle part ailleurs qu'à Paris ; et il m'est expressément recommandé de n'y mettre les pieds qu'en cas de nécessité absolue : il aurait fallu que j'y allasse deux fois, pour l'y laisser et la reprendre. Si je l'avais déposée dans n'importe laquelle des villes environnantes, ou même éloignées, comme il n'en est aucune à une grande distance, d'assez considérable pour que cela n'eût donné dans l'œil, le remède aurait été pire que le mal. Mais ma course ici a eu la physionomie d'une partie de plaisir, d'une rencontre de filleules, etc., en sorte que personne ne m'a remarqué, ni en bien ni en mal.

Je me suis étendu sur cette vétille, afin de

n'avoir plus besoin, pour tranquilliser Votre
Majesté, de l'ennuyer de mes justifications, en
cas qu'il me parût utile, en d'autres circonstances, usant de la latitude discrétionnaire
dont je me vois honoré, de faire subir à mes
instructions des modifications quelconques, dont
au reste je serai toujours fort économe.

Votre Majesté verra, dans la pièce ci-an-
nexée (*v*), que je me suis rendu ici, croyant
parler de l'Italie, et qu'il se trouve qu'on m'a
entretenu de projets touchant toute autre chose.

C'est déjà un grand point de discordance,
qui bouleverse toutes les idées que j'y avais
apportées.

(*v*) Cette pièce n'est autre que la transcription litté-
rale du dialogue précédent; dont l'*Émisaire* tint note
sur-le-champ, en rentrant dans sa chambre, afin de se
rappeler textuellement, autant que possible, les ex-
pressions mêmes des deux interlocuteurs. Comme il mit
au net tout cela pour sa dépêche à Napoléon, c'est dans
les brouillons primitifs, c'est-à-dire, sur les documens
les plus fidèles, conservés heureusement pour l'Histoire,

Mais la nature des projets mis en avant dans les conférences auxquelles j'ai pris part, m'a bouleversé bien d'avantage; et si je trouve la force d'en entretenir Votre Majesté, c'est que je me regarde comme certain et plus que certain, qu'elle donnera des ordres positifs pour que ceux qui osent se dire ses serviteurs dévoués et ses fidèles amis, se souviennent un peu mieux, Sire, des sentimens généreux dont vous leur avez si souvent donné les exemples avant les préceptes, et ne viennent pas souiller une gloire à laquelle aucune autre gloire n'est comparable, par des taches pareilles et des conceptions de ce genre.

Ce n'est pas que j'aie seulement la pensée que Votre Majesté put vouloir être servie de la sorte; car il n'est aucun de nous qui ne s'empressât d'imiter le vicomte d'Orte dans une occasion analogue, et de supplier qu'on em-

en mains sûres, qu'on a puisé pour réunir les matériaux de cet ouvrage.

ployât *nos bras et nos vies à choses faisables*. Toute ma frayeur est qu'un zèle forcené (que Votre Majesté me permette le mot), ou d'infâmes arrière-pensées d'intérêt personnel, déguisées sous le masque de dévouement, ne portent le personnage en question, à *servir* (j'use ici de son expression même) ne le portent, dis-je, à *servir* Votre Majesté malgré elle; et qu'on n'en vienne à l'exécution de ses projets, sans consulter ni l'intérêt de sa gloire, ni celui de sa puissance future probable, ni même celui de sa conservation personnelle.

Ma position devient telle, que je n'ose seulement y arrêter ma pensée. L'échafaud n'est rien à mes yeux : je ne me suis pas embarqué dans l'entreprise de l'Empire Romain, sans l'avoir mis en ligne de compte tout d'abord.

Mais risquer de passer pour le complice d'un attentat pareil, après avoir fait des efforts sans nombre, afin d'y faire renoncer celui qui le médite; c'est là une combinaison telle, que jamais peut-être on n'a rien vu de pareil.

Cependant tout cela serait fort possible.

Je suppose qu'une trahison, une imprudence ou un hasard, nous fasse découvrir, seulement soupçonner : que, dans les entrefaites, ceux qui se mêlent de cette machination à laquelle je suis étranger soient aussi découverts : il suffira qu'on apprenne, ou que même on se doute, que nous nous sommes trouvés ensemble, et quoique précisément nous nous y soyons combattus et presque injuriés, pour qu'on nous confonde tous dans une même catégorie.

En cas pareil, le moindre soupçon devient certitude, et plutôt que de laisser échapper un coupable, on immolerait vingt innocens. Le silence serait considéré comme preuve de complicité.

Au nom de Dieu, Sire, daignez prendre en considération l'étrange, l'horrible alternative où je me trouve, et m'en tirer le plutôt possible.

Dans une situation comme celle où je suis, j'avoue que l'hypothèse de me faire fusiller me paraît la seule riante, à côté des autres, tellement toutes sont affreuses.

Me taire, Sire; je risque d'apprendre un jour ou l'autre, l'exécution d'un attentat, qui souillerait toute votre gloire, et que vos ennemis ne manqueraient pas de vous attribuer, quoique je sois aussi persuadé que vous en aurez horreur, que je suis persuadé que c'est le soleil qui éclaire la nature.

Me taire encore : l'attentat médité peut se découvrir pendant qu'on le prépare, et moi, me voir transformer en un homme de sang, par cela seul que j'aurais eu le malheur de m'aboucher avec son auteur, quoique je l'aie combattu avec honneur, énergie et courage.

Parler; mais, le puis-je, sans trahir les intérêts de la patrie et les vôtres, Sire; intérêts grands, honorables, n'ayant rien de commun avec ce dont il s'agit, intérêts qui pourtant risqueraient d'avorter, par la seule raison qu'en cherchant à empêcher ce qui vient d'être porté à ma connaissance, on pourrait peut-être arriver à soupçonner le reste.

Quelle est donc la position d'un homme

d'honneur, qui se voit dans l'impossibilité de parler comme de se taire, sans manquer, dans l'une et l'autre hypothèse, à ce même honneur, et à tous les principes les plus sacrés de la morale ?

Je fais partir le *** cette nuit même en poste, avec ordre de ne pas s'arrêter un instant et de s'embarquer à Toulon, à Nice, à Savone, à Gênes ou à Livourne, dans le premier port où il pourra, afin que la présente parvienne à Votre Majesté le plutôt possible. Je suis sûr de ses décisions : si seulement je pouvois en douter (mais je n'ai pas ce malheur), demain je serais en route pour le premier port de mer, prêt à passer en Amérique : ce serait le seul parti qui me restât. Mais le vainqueur de l'Europe veut être servi d'une manière digne de lui.

Maintenant, Sire, permettez qu'un homme dont la franchise vous est connue, s'exprime sans déguisement et sans réticences.

J'ai transcrit fidèlement le dialogue qui s'est

passé entre le personnage et moi, mais je ne pouvais transcrire ni les gestes, ni les inflexions de la voix, ni le rire sardonien, dont ce même personnage accompagnait tout ce qui avait rapport au projet de renaissance de l'Empire Romain. En même temps, et à l'entendre, il en coûterait bien moins à rappeller Votre Majesté sur le trône de France.

J'avoue que les rapports ci-joints, et surtout en ce qui concerne le militaire, rapports que j'ai dû nécessairement mettre sous ses yeux, annoncent des regrets tellement vifs et nombreux, que si Votre Majesté reparaissait en France, il semble presque certain qu'une grande partie de l'armée, et peut-être d'habitans, viendraient se ranger sous ses drapeaux.

D'autre part, la noblesse, ce qui reste de l'armée de Condé, les Chouans, les Vendéens, ceux qui se sont compromis par d'infâmes trahisons et des défections anciennes ou récentes, les Bordelais, par exemple, en un mot

les vieux et les nouveaux transfuges de la gloire
nationale, tous viendraient se grouper, pour
combattre le retour de Votre Majesté. Mais
Votre Majesté n'a-t-elle pas abdiqué, pour
épargner à la France les horreurs de la guerre
civile? Cependant cette guerre civile deviendrait inévitable, et s'il fallait la faire, mieux
cent fois eût valu s'y jetter au 31 mars dernier qu'aujourd'hui; à plus forte raison encore
dans quelque mois. J'admets que la lutte ne
put être douteuse, entre les intérêts nationaux et des intérêts purement individuels,
toutefois on résusciterait toutes les arrogan-
ces; celle des prêtres se lierait à celle des nobles; les souvenirs encore récents d'une conscription poussée trop loin et d'une si longue
stagnation de commerce maritime à qui la
paix rend l'espérance; une foule de petites
causes dont l'agglomération finirait par faire
un ensemble plus ou moins considérable; tout
cela pourrait rendre la guerre civile longue et
meurtrière. Néanmoins, je sais bien que la vic-

toire vous resterait. Mais ne serait-il pas à craindre que les alliés vinssent joindre leurs armées à
celles des ennemis de l'intérieur? Alors la France
serait ravagée, et si la cause nationale suc-
combait, peut-être oserait-on vouloir en faire
une nouvelle Pologne : la victoire s'est oubliée
un instant, et il n'en a pas fallu d'avantage
pour que la France perdit cinquante départemens, sa marine, un matériel immense, et
le fruit de vingt ans de gloire et de conquêtes,
dont la conservation de la moindre parcelle aurait fait rougir de honte ceux qui n'y avaient
pris aucune part. Et si Votre Majesté succom-
bait une seconde fois, ce ne seraient pas les
transfuges, rentrant de nouveau, blottis à leur
ordinaire dans les fourgons ennemis, qui en
défendraient les intérêts; l'Europe ne daigne-
rait seulement pas les écouter, alors même
qu'ils seraient capables d'y songer.

Permettez, Sire, que je dise ma pensée tout
entière. Je crois que vous avez eu grand tort
d'abdiquer à Fontainebleau, et que la cause

nationale n'était nullement désesperée. Puisque c'est fait, je crois que vous auriez encore plus tort de rentrer en France.

Le personnage prétend que l'Autriche serait pour vous. Ou il se trompe, ou il a raison dans cette conjecture.

S'il se trompe, vous risqueriez alors d'avoir encore une fois toute l'Europe à combattre.

S'il a raison... mais en ce cas les ennemis de votre gloire ne diraient-ils pas, à leur tour, que vous rentrez en France par la grâce de Dieu et des étrangers ? Et le grand Napoléon est-il fait pour subir ce langage de l'ignominie, pour parodier cette assistance anti-nationale et parricide, et ces aveux tributaires dont surtout nous avons été naguère si indignés ?

Je conçois, Sire, que beaucoup de personnes en France, se fassent illusion et cherchent à vous la faire, sur la facilité pour vous de ressaisir votre sceptre; mais il faut, au moins, convenir de bonne foi, que l'entreprise offre ses chances, bien moins pour le premier succès que pour les combinaisons subséquentes.

D'autre part, Sire, pesez, avec calme, les chances qui vous sont propices pour arriver au Capitole.

Je sais bien qu'il existe une grande différence, entre les élémens qui composent les peuples d'Italie, non encore unis en corps de nation, et l'ensemble compact de trente millions de Français, portant ce nom national depuis des siècles, et habitués, par les victoires, à le faire si bien respecter. Je ne veux même plus contempler la possibilité qu'un parti plus ou moins nombreux, d'ailleurs habitué aux défaites, vous opposât des résistances intestines. Car, en ce cas, je conçois qu'on peut aussi dire que les Calabres et les campagnes de Rome essayeront d'avoir leur Vendée pour vous empêcher de relever l'Empire Romain ; et que devant porter en ligne de compte, la guerre civile, dans une entreprise comme dans l'autre, la somme des avantages, comparée à la somme des périls, offrirait une balance pour vous faire préférer le chemin de Paris.

Ne comptons donc pour rien les insurrections de l'intérieur : que l'Europe s'abstienne d'y intervenir, et je conçois fort bien qu'on vaincra l'aristocratie à bon marché.

C'est dans les interventions étrangères que gît toute la question.

Pour rentrer en France, il est possible que vous ayez de nouveau l'Europe entière sur les bras, y compris l'Autriche, ou l'ayant pour alliée.

Pour aller à Rome, vous ne pouvez avoir que cette même Autriche, seule, contre vous.

Il est d'autant moins probable que les autres puissances s'en mêlent, que la conduite de celles-ci envers Votre Majesté, lors des événemens de Paris, a dû blesser l'Empereur François, qu'il s'en est suivi une humeur, une bouderie dont toute l'Europe a le secret, et qu'il ne serait pas impossible que le congrès de Vienne dont on parle, ne fut que le prélude d'une guerre entre ces mêmes cabinets, qui naguère avaient formé une alliance pour vingt ans contre vous.

Dès-lors, si votre Majesté prend le chemin du Capitole, l'Autriche s'en tirera comme elle pourra, et il est bien plus raisonnable de croire que vous irez, encore une fois, lui rendre visite à Vienne, que de penser qu'elle puisse prendre sa revanche et aller à Rome.

Mais peu importe les chances de cette guerre. Moins que la France, aucun potentat de l'Europe n'aura intérêt de s'en mêler.

Le cabinet des Thuileries ne demanderait pas mieux, il est vrai, que de vous renverser, mais avec quoi vous ferait-il la guerre? Ce ne sera pas avec l'armée; car celle envoyée par elle contre le roi Joachim aura salué vos aigles, et, alors, nul doute que tout ce qui sera resté dans l'intérieur n'accoure vous rejoindre. Ce ne sera pas avec la nation, car à supposer que votre apparition en Italie; n'en fasse déjà soulever une partie en votre faveur, jamais la nation française, proprement dite, telle qu'elle

est depuis la perte de ses conquêtes, n'ira
vous combattre, surtout en dehors de ses frontières. Reste une poignée de nobles, mais ces
messieurs n'oseront seulement pas regarder en
face vos soldats.

Si vous reparaissiez en France, il leur faudrait vous combattre par force, sous peine de
devenir infâmes à la face du monde et de
l'histoire (w). Mais pour vous aller chercher
en Italie, ils s'en garderont bien (x). Alors le

(w) C'est le parti qu'ils préférèrent; et cette infâmie
dont l'ancienne noblesse ne se lavera jamais dans l'histoire, les effraya bien moins que les bonnets à poil de
six cents grenadiers de l'immortelle vieille garde. Et ces
lâches osent se dire les défenseurs du trône! Il peut se
vanter d'avoir là de beaux soutiens!

(x) La conduite tenue par la noblesse dans les premiers vingt jours de mars 1815, et la forfanterie de leur
langage après la trop funeste journée de Waterloo, et
les suites plus funestes encore qu'elle a eues pour la
France, rappelle ce qu'Alfiéri a dit des nobles dans sa
Virginie,

    « Or superbi, ora vili, e infami sempre. »

roi de France, tout en détestant vos succès sera réduit à en devenir le complice : ne pouvant vous combattre, il se fera le premier votre tributaire, et il n'en croira pas ses yeux, si, à ce prix, vous vous engagez de le laisser tranquille après votre victoire.

Sire, dans les pages que l'avenir vous prépare, je ne connais rien de plus magique, de plus grandiose, de plus bizarre en même-temps, que de voir les Bourbons, après votre chute, eux à qui elle a été si profitable, forcés de contribuer les premiers à votre nouvelle élévation, de peur de retomber eux-mêmes et pour jamais.

Sire, quand on porte un nom comme le vôtre, il est quelque chose au-dessus même de la victoire, c'est le chemin qu'on a pris pour l'obtenir.

Que le premier ambassadeur qui vous ira saluer au Capitole, parte des Thuileries, et ce sera comme si auparavant, vous y étiez rentré vous-même. Il vous apportera l'aveu timide de la frayeur qu'on en éprouve; et en vous offrant la reconnaissance de votre nouvel empire, il signera la déclaration respectueuse du besoin que l'on a de la vôtre.

Songez-y, Sire, et vous trouverez que le Capitole, si riche en souvenirs de gloire, n'aura vu rien encore de pareil à ce qu'il est en vous d'y ajouter.

Mais, surtout, méfiez-vous des *services* que l'on pourrait vouloir vous rendre malgré vous, ou à votre insçu.

Je ne reparlerai pas de ce projet, digne seulement d'un Charles IX ou d'une Caroline : je n'en dirai plus rien, parce que je ne puis douter un instant des réponses que Votre Majesté s'empressera d'y faire (*y*).

Mais, d'après les vues manifestées par le personnage, son mépris pour ce qui nous occupe, son incrédulité sur la nécessité, et une

(*y*) Le lecteur conçoit assez qu'il devait être question, sans doute, d'une seconde Jacquerie.

persuasion qui m'a paru tenir de la jactance, sur la facilité qu'il trouve à vous ramener à Paris, je vous supplie, Sire, de peser la possibilité d'un autre danger. Ce serait celui où on menerait de front un double projet, pour vous rappeler en France, et pour vous faire monter au Capitole; car, entre deux, la roche Tarpéienne pourrait les faire avorter l'un et l'autre.

La moindre imprudence, une rivalité, une jalousie, un malentendu, tout pourrait donner l'éveil; l'Europe entière se couvrirait d'échaffauds, et le naufrage précéderait le commencement de l'entreprise.

Voilà ce que ma conscience m'ordonnait, Sire, de vous soumettre : persuadé que vous n'adopterez jamais de parti qu'elle repousse, je vous supplie de recevoir ici mon nouveau serment de verser ma dernière goutte de sang pour votre cause.

Je ne puis m'empêcher de dire un mot, à Votre Majesté, d'un léger incident qui m'est personnel.

Avant de rentrer dans sa chambre, le *Personnage* m'a remis un paquet en me disant :
« Tenez : voici ce que l'empereur m'ordonne
» de vous remettre : quand vous aurez fini,
» vous m'en préviendrez : il y en a encore. »

C'était du papier : j'ai mis le rouleau dans ma poche, croyant que je recevais des instructions, et je me suis hâté de l'ouvrir en regagnant mon appartement. J'y ai trouvé cent billets de banque, de cinq cents francs chacun.

J'espère que Votre Majesté daignera ne pas trouver mauvais, que je les aie, sur-le-champ, rendus au *Personnage*, qui s'est fâché de cette restitution.

Pour que je ne me fasse pas peur à moi-même quand je suis seul, il faut que, dans toute cette affaire, je paye de ma bourse également que de mon sang ; et, du reste, vous savez, Sire, que c'est en moi, une habitude.

Ce n'est nullement l'orgueil, ainsi qu'a paru le croire ou qu'a peut-être affecté de le dire le *Personnage*, qui me guide dans mon refus.

Mais il est une espèce de boue que l'on peut comparer à la main des harpies, et qui gâte tout ce qu'elle touche; cette boue, c'est l'or.

Je n'en suis pas moins reconnaissant à Votre Majesté de sa généreuse sollicitude; mais je lui serai plus reconnaissant mille fois encore, si elle daigne, à l'avenir, m'oublier toujours dans ces sortes de marques de son souvenir. D'ail-leurs, ce que je fais ne me coûte rien, que les chevaux de poste; et c'est si peu de chose qu'il ne vaut pas la peine d'en parler : je m'a-muse en voyageant, c'est mêler *l'utile dulci* selon le précepte du poète (*z*).

(*z*) L'une des preuves , et la moins équivoque, de l'amour, de l'idôlatrie qu'inspirait Napoléon, c'est que, dans toute cette affaire, plus de cinquante personnes ont brigué l'honneur de le servir au péril de leur vie, sans le moindre intérêt pécuniaire, et, parmi ces personnes, il s'en trouvait de fort pauvres. Dès qu'on se doutait qu'il était question du service de l'empereur, on se sentait récompensé par l'action, plus encore par le péril. Offrir de l'argent, c'était faire un affront : proposer des dangers, c'était inspirer l'enthousiasme.

Je suis, avec le plus profond respect et le plus inaltérable dévouement,

Sire,

De Votre Majesté,

Le très-humble et très-fidèle, etc.

De ***, le 3 juillet 1824, à trois heures de relevée.

RAPPORT (ᴘᴀʀ ᴇxᴛʀᴀɪᴛ)(*aa*)

du Président du Congrès constitutif, à Sa Majesté l'Empereur Napoléon à l'île d'Elbe.

Sire,

Plusieurs rapports me parviennent de France et des différens points de l'Italie, et je m'empresse de transmettre à V. M. ce qu'ils offrent de plus important.

L'état côté K offre la situation des forteresses du Piémont et de la Ligurie.

L'état L, des renseignemens sommaires sur les côtes, les batteries qui s'y trouvent depuis Nice jusqu'à Livourne, et leurs garnisons respectives; cet état n'est point encore complet; les notices qui manquent ne pourront guère arriver avant la mi-octobre.

(*aa*) La totalité de ce rapport n'est pas de nature à être publiée maintenant.

L'état M renferme quelques informations sur le service des forces navales, et sera completté dans le même délai.

Votre Majesté a dû recevoir, dernièrement, les pièces H et I, relatives aux forces napolitaines. Mais comme j'ai reçu depuis de nouveaux renseignemens à cet égard, je lui en transmets un duplicata beaucoup plus circonstancié.

Cependant, Sire, j'engage Votre Majesté à ne pas trop compter sur ce qu'on y dit de Messieurs D. L. et L. V., non plus que des princes P. C. et P. S. Quoique ce dernier semble avoir donné des garanties aux intérêts nationaux, c'est, selon moi, un homme en partie double, n'ayant jamais agi que d'après les impulsions d'une ambition démesurée, totalement hors de proportion avec la médiocrité de ses talens, et capable de se jetter dans les rangs de quiconque saura alimenter adroitement sa vanité. Du reste, ce n'est même pas un brave, et P. C. encore pis, sous tous les rapports.

L'agent principal en France me fait passer

un duplicata du rapport qu'il a adressé à V. M. sur le personnel des garnisons des 18e., 19e., 4e., 5e., 6e., 7e., 8e., 9e. et 10e. divisions militaires; mais comme je ne suis pas très-familiarisé avec le chiffre, je me réserve d'ajouter les observations nécessaires, le cas échéant, avant de clore ma présente dépêche, car j'attends ce soir mon collègue S. (*bb*), très au fait de ces caractères, et qui m'aidera à les déchiffrer.

Plus que jamais, Sire, je rappelle à V. M. l'importance de ne confier rien de ceci à aucune des personnes de sa suite, même les plus intimes, et nous comptons tous, à cet égard, sur la promesse que V. M. nous en a faite.

Tout s'accorde à présenter la France comme

(*bb*) Cet individu est mort; mais on s'abstient de le nommer, pour ne pas attirer des vexations sur toutes les personnes existantes, que l'on reconnaîtrait avoir eu des rapports en Italie, avec lui, en 1814, même de la nature la plus simple, sans en excepter peut-être sa propre famille.

étant dans un état de fermentation sourde,
devant amener une crise, peut-être même une
explosion.

Tous les partis s'y observent : tous se me-
surent : tous se menacent; tous attendent le
moment que chacun croit favorable au ren-
versement de ses adversaires, et à l'accomplis-
sement de ses propres projets.

A supposer que le *Personnage* (*cc*) obéisse
réellement aux ordres de V. M., et qu'il ait
renoncé, de bonne foi, à la prétention de la
servir malgré sa volonté, qui peut répondre
que d'autres n'aient conçu, en France, le
projet d'y rétablir votre gouvernement, qu'ils
n'aient des appuis, Sire, dans les personnes
de votre suite, et que celles-ci ne soient animées du désir, assez naturel, et de la noble
ambition, de revoir leur patrie tout en y rame-
nant leur empereur et leur ami.

(*cc*) On continue, dans le cours de cet ouvrage, à
désigner ainsi, celui qui jouait le rôle principal dans
les conférences de la Brie.

En ce cas, Sire, pour peu que nos projets sur l'Empire Romain leur fussent connus, nous pourrions nous créer des résistances et compliquer les rouages qui déjà ne paraissent pas trop se simplifier.

Les deux cabinets de Naples et des Thuileries commencent, il est vrai, à se heurter ; mais il est douteux, toutefois, qu'on ait encore réellement intention d'en venir aux mains.

Il le faut, pourtant ; bon gré, malgré, il est indispensable qu'on les y pousse.

La moindre imprudence pourrait éveiller l'attention, et ouvrir les yeux du gouvernement français. Le secret est donc nécessaire à garder, sans aucune restriction, envers les Français, quand ce ne serait du reste que pour la tranquillité de nous autres Italiens.

Maintenant, Sire, souffrez que je prenne la liberté de vous entretenir de quelque chose qui pourrait ressembler à un caquetage, s'il n'était de la plus haute importance que vous connaissiez toutes les personnes que vous admettez à l'honneur de vous approcher dans votre île.

Non-seulement le plus léger rapprochement, la moindre inadvertance, peuvent laisser au moins percer quelques soupçons, et vous devez vous attendre qu'on n'omettra rien pour vous espionner ; mais votre existence peut elle-même se trouver à la merci de ceux qui vous entourent.

On fait courir ici le bruit que V. M. a accordé sa confiance à un sieur Vantini, propriétaire à Porto-Ferrajo, dont il a été le maire pendant quelque temps ; et même que la famille de ce particulier est admise dans l'intimité de votre cour (*dd*). C'est, dès-lors, un devoir le plus positif, de vous faire connaître, Sire, les rapports domestiques de ce Vantini.

Le sieur Vantini est le beau-frère d'un sieur

(*dd*) On disait, alors, assez publiquement en Italie, que mademoiselle Vantini jouissait des honneurs du mouchoir : l'on ajoutait même qu'elle n'avait rien négligé pour se faire croire enceinte de Napoléon.

Cornelio Filippi, de Livourne, dont le nom patronimique fut une véritable prophétie, et prouve la sagacité de ceux qui le lui imposèrent.

La femme de ce Cornelio est une vraie Messaline; et après avoir été, pendant plusieurs années, l'antagoniste de la trop fameuse amazone *Alessandrina Mari*, d'atroce mémoire, la complice des horreurs et des assassinats soudoyés par l'exécrable Windham; après avoir ouvert sa maison, et le reste, aux chefs les plus prononcés du parti républicain, on a vu, avec surprise, cette même Filippi devenir la maîtresse en titre et l'entretenue de l'Anglais *Grant* de Livourne, riche négociant, consul, et jadis le bras droit de tous les forfaits ordonnés par Windham et par sa belle amazone.

Ce *Grant* a été l'un des ennemis les plus acharnés de votre règne; c'était l'un des sicaires de Pitt, et l'un des valets du ministre Acton : il s'entendait avec l'infâme espion Giunti, avocat, dont Votre Majesté, trompée par ses gouverneurs, fit un conseiller d'état, et qu'elle décora de la croix et du titre de comte (*ee*). Ce *Grant* aussi était l'ami des princes Corsini, que V. M. appella au sénat et dans ses conseils, et qui servaient l'Angleterre de leur bras et de leurs sourdes menées, et de leurs sicaires au besoin.

D'autre part, Sire, le sieur Vantini a une femme qui ne vaut pas mieux que sa belle-

---

(*ee*) Ce comte Giunti, en l'an 7, était l'espion de l'armée Austro-Russe en Italie, et il en existe des preuves officielles, actuellement même, tant en Italie qu'ailleurs. Les intrigues qui ne cessèrent d'entourer Napoléon, conduisirent ce misérable, homme d'ailleurs de beaucoup de talent, au conseil d'état de l'Empire Français. Il fut maintenu à celui du grand-duché de Toscane, après la chûte de Napoléon, commit des friponneries, fit des lettres de change fausses, et perdit ses dignités. Mais comme il avait le bonheur d'appartenir à l'inviolable famille des traîtres, à qui tout est permis, on ne le jugea point, il fut exilé, et vit maintenant à Bologne très-retiré, ainsi que le conseiller Crémani, qui se trouve exactement dans la même position, et qui, en 1799, avait été le Robespierre de la Toscane.

sœur : lui-même, quoique passant pour pa-
triote, jouit d'une réputation très-suspecte en
morale, est criblé de dettes et n'a jamais le
sou.

Prenez-garde, Sire, un coup est bientôt
porté, du poison bientôt glissé n'importe où ;
et le beau-frère d'une femme publiquement
soldée par un *Grant*, me paraît très-dange-
reux à vos côtés (*ff*).

Sire, vous êtes entre l'immortalité du passé
et l'immortalité de l'avenir ; le présent ne vous
appartient pas, et l'Italie compte sur vous…. ;
que dis-je ! La liberté du monde entier est
peut-être subordonnée à la conservation de

(*ff*) Napoléon vérifia les faits, prit des informations,
et ayant acquis la certitude qu'on lui avait dit la vérité, le sieur Vantini cessa d'être chambellan et de paraître à la cour, où ne furent plus admises aucune des
personnes de sa famille. D'ailleurs ce Vantini est un
être nul, dépourvu de toute espèce d'instruction et de
talens, indigne, même sous ce rapport, d'approcher un
homme comme l'Empereur.

vos jours et au rétablissement de votre puissance.

Votre Majesté sait déjà l'accident qui est arrivé à ***** par la faute de *** : lui-même vous en a instruit, ainsi que je viens de l'apprendre, mais sans avoir pu entrer dans les détails, que je vais ici consigner, parce qu'ils m'ont paru assez piquans. . . . .
. . . .
. . . .
. . . .

(*gg*) Enfin, on fut l'arrêter, à onze heures du soir, au moment où il devait s'y attendre le moins.

Pour que Votre Majesté puisse apprécier complétement l'embarras de la position où de-

(*gg*) On ne peut s'empêcher de supprimer ici la première moitié de l'aventure, quoique très-intéressante, parce qu'il deviendrait impossible de la rapporter en entier, sans laisser deviner le nom de toutes les personnes qui y figurèrent.

vait se trouver *****, il faut que je remonte un peu plus haut.

Ceux de ses papiers, notes, rapports, renseignemens, etc., etc., écrits surtout en caractères ordinaires, et dont la conservation lui était pourtant indispensable, ***** les avait remis, en plusieurs liasses cachetées, à ***, pour être confiés, comme paperasses de procès, à de bonnes gens, à peine sachant lire, et dont les principes patriotiques étaient du reste des plus prononcés; mais voilà que, tout à coup, ces braves gens sont obligés de s'absenter pendant un ou deux mois pour des affaires de famille, tandis que *** devait partir avec des dépêches pour le midi. Dès-lors ***** ne pouvait s'empêcher de reprendre tous ses papiers, et il les avait chez lui depuis vingt-quatre heures, s'occupant de leur assigner une autre maison sûre que déjà il avoit trouvée, lorque, tout-à-coup, on vint l'arrêter chez le pharmacien.

***** avait dans sa poche le chiffre, base

de toute la correspondance, et il fallait s'en débarrasser, sans le détruire toutefois, si cela était
possible, afin de continuer à l'employer et de
ne pas perdre un temps infini à lui en substi-
tuer un autre.

La chose n'était pas aisée. Ce pauvre *****
avait à ses trousses un officier, une brigade
de gendarmerie, deux commissaires et trois
agens de police; tous les yeux plongeaient
sur lui.

Par bonheur ***** ne perdant pas la carte,
eût assez de présence d'esprit pour s'orienter
d'un seul regard, et prendre son parti sur-
le-champ.

Le voilà donc déclamant comme un avocat, arpentant en large et en long un salon
qui n'était ni long ni large, jouant la colère
à s'y méprendre, et reportant l'attention des
sbires partout ailleurs que là où il devait réellement la craindre. Madame parvient enfin à
comprendre quel est le rôle qui lui est assi-
gné; et voilà des vapeurs, des évanouissemens

et des larmes. Le mari devine ce qu'il a à faire et agit en conséquence : en peu d'instans chacun joue la comédie ; les rôles de niais sont réservés, de plein droit, aux agens du pouvoir, qu'il n'est cependant pas toujours aisé de leur faire jouer à ce point.

Peu après, l'officier délace un corset, le commissaire présente la fleur d'orange, un agent tient les esprits, et tous tiennent la chandelle. Voilà la pousse transformée en garde-malade.

Plus les secours se multiplient, plus les évanouissemens se succèdent et les vapeurs vont leur train.

C'est alors que ***** feignant le désespoir, bouleverse tout, met la maison en désarroi, cherche du vinaigre dans des cartons, et du sucre dans le jardin. On ne le perd pas de vue, mais comme on est sûr qu'il ne pourra s'échapper on le laisse faire *par égards* : il déclare que s'il était chez lui, il se déshabillerait tout nud, pour qu'on s'assurât qu'il n'a rien de suspect ; mais que le premier qui osera mettre la main sur sa personne, il lui brûlera la cervelle. Cette menace énergique est accompagnée de la preuve que l'on se trouve en mesure de la tenir ; et comme on savait qu'il n'était pas homme à se faire prier, on lui tirait des coups de chapeau jusqu'à terre.

Enfin, après avoir successivement présenté sous le nez de madame, tous les pots de la pharmacie et du ménage, pendant que la police prenait un premier à-compte le verre à la main, le terrible portefeuille est lâché dans le brouhaha des allées et des venues, le dépositaire file ; ***** n'a plus de colère, ni la dame plus de convulsions : tout le monde se remet, et c'est la fin du premier acte.

Mais tandis que la gendarmerie avait ordre de s'assurer de *****, la police devait visiter ses papiers, et pour cela il fallait qu'il se rendît à son domicile. Minuit venait de sonner.

Pendant le vacarme du premier acte, prolongé, tout exprès, d'une bonne heure, et durant le trajet, ***** avait étudié son rôle, s'était fait son plan et n'avait pas perdu, un seul instant, l'imperturbable sang-froid qu'il sait si bien conserver dans les grandes circonstances, et qu'un enfant lui fera perdre à propos d'une misère.

Le voilà chez lui, au milieu de son nombreux cortége ; et comme il s'était aperçu qu'il s'y trouvait, parmi beaucoup d'imbécilles, un homme fort intelligent, dont il avait eu bien de la peine à mettre la vigilance en défaut, son premier soin est de dire à son domestique, à l'oreille, mais de façon à être entendu : « Je n'ai rien, sois tranquille; mais cours sur-le-champ, avertir un *tel* de jetter au feu ce qu'il sait. » Cet ordre fut entendu, le domestique fut consigné, comme on le pense bien, et deux gendarmes, détachés sous les ordres du sbire intelligent, allèrent faire la perquisition la plus minutieuse chez ce *tel*, qui n'avait rien du tout, ne pouvait rien avoir n'étant initié à rien, ni bon à rien, et qui, ne se doutant de rien, dormait le plus tran-

quillement du monde, à côté de sa belle moitié et de ses enfans, plus ou moins, cinq ou six.

Ce pauvre diable ne s'attendait pas plus à
cette nocturne visite, qu'à la célébrité qui
devait en résulter pour lui, et qui en a créé,
d'un sot, un personnage; et la police est la
seule, dans le pays qui ne se doute pas de la
mystification qu'on lui a faite.

De deux maux, ***** calcula qu'il valoit
bien mieux envoyer la police chez cette pé-
core, où on ne trouva d'autres papiers que les
billets doux de madame, que de la garder chez
soi, où se trouvait plus qu'il n'en fallait pour
faire pendre cinquante braves gens.

Ce court épisode devait servir de transition
à une pièce qui, commencée sous des auspices
assez divertissans, pouvait se terminer par une
véritable tragédie.

En quittant la dame aux vapeurs, *****
qui ne fume jamais, s'était muni chez son
mari, de tabac et de cigares, sous prétexte
de mal aux dents; mais décidé, en dernière

analyse, de mettre de sa propre main le feu au double fond, plein de poudre, de la caisse même où, dans le deuxième fond ostensible, se trouvaient les papiers qui l'occupaient. Lui, les papiers, les gendarmes, la police et la maison auraient sauté en l'air de concert; mais il aurait emporté son secret et le nôtre.

Par bonheur sa rare présence d'esprit n'a pas rendu nécessaire un moyen aussi extrême; mais, Sire, des entreprises de ce genre ne peuvent être confiées, en toute sûreté, qu'à des hommes assez déterminés pour savoir, au besoin, en faire l'emploi sans hésiter.

Le premier mouvement de ***** fut de se fâcher contre ses domestiques, du désordre qui régnait dans sa chambre, et dont lui seul était l'auteur.

Lui qui, un moment plutôt, avait mis le pistolet sous le nez du commissaire de police, menaçant de faire sauter la cervelle au premier venu qui se fut permis de le toucher, il se trouvait pris maintenant d'une urbanité extrême

envers *ces messieurs ;* se confondait en excuses de les recevoir dans une chambre où tout
était pêle-mêle, linge, hardes , bottes, armes,
papiers, livres, sabres, tout, en un mot, sens
dessus dessous, dans le plus grand désordre.
Un énorme portefeuille ostensiblement placé
se trouvait sur la table, rempli de papiers insi-
gnifians, mais en très-grande quantité, de manière à prendre beaucoup de temps pour en
examiner le contenu. Des cahiers de calcul, .
des mémoires d'astronomie , étaient confon-
dus avec des écrits littéraires en cinq ou six
langues différentes, et *ces messieurs* avaient
de la peine à en épeler une seule. ***** eût
l'adresse de glisser, le plus maladroitement
qu'il put, afin d'être remarqué, un petit paquet dans un secret de son nécessaire ; dès-lors
on crut que c'était là seulement que se trouvait le plus essentiel. En attendant, on se mit
à l'examen de ce qui était en évidence. Pendant que toutes les lunettes de la bande inquisitoriale passaient en revue, tantôt un ex-

trait de Lalande, ou une équation de Lagrange, tantôt une ode de Pope, un chant du Dante, une églogue de Virgile, ou un fragment de l'O-dyssée, et qu'il ne savait à qui entendre pour répondre à l'un c'est du grec, à l'autre du latin, à celui-ci de l'anglais, à celui-là du français; ***** fesait une scène à ses gens sur leur négligence à mettre en ordre des objets, auxquels il leur était expressément défendu de jamais toucher. C'est surtout à la pauvre fille de chambre que s'adressaient les repro-ches, pour la grande quantité de linge sale qu'elle avait, par bonheur, réellement ou-blié d'emporter le matin. Cette pauvre fille pleurait, la *pousse* buvait et lisait, ***** ju-rait et ne pouvait s'empêcher de rire, à part soi, de l'intervention obséquieuse de cette canaille, étonnée de tant d'excuses, et qui intercédait pour la pauvre Fanchon. « Malheu-
» reuse : ces messieurs ont ordre de visiter mes
» papiers, mais ils ne sont pas faits pour tou—
» cher à mes cravattes ou à mes chemises. En

parlant ainsi, et en s'adressant au chef, que ***** avait reconnu pour un sot, il soulevait et secouait de gros paquets de linge auxquels, pour les grossir davantage, il en mêlait le plus possible de propre, et, chaque fois, une ou deux liasses des papiers placés au fond, se trouvaient comprises dans les brassées de linge soulevé, qui était aussitôt refoulé dans la caisse. Quand tout fut fini, un coup-d'œil expressif à l'intelligent domestique, et un jurement non moins expressif à la donzelle, furent suffisans pour faire tout emporter, à travers la cohue des gendarmes et des sbires, trop heureux d'obtenir, à ce prix, le pardon de la pauvre fillette, qui avait fini par comprendre ce que tant de vacarme voulait dire. D'ailleurs la police inquisitoriale ne pouvait guère s'imaginer qu'on pût avoir d'autres papiers, après le fatras énorme dont elle avait fait une si facile capture.

Deux secondes après, les liasses étaient en sûreté, sans déplacer toutefois ni la caisse qui les contenait ni le linge qui le couvrait, afin de ne point éveiller de soupçons, en cas où on se fut avisé plus tard d'en faire un nouvel examen.

Une scène assez plaisante termina la perquisition. ***** avait fait mine, comme je l'ai déjà dit, de glisser, pour le soustraire, un petit paquet, dans son nécessaire, et afin de détourner l'attention du point où il avait à la craindre. On ne l'avait pas oublié; mais quand on vit que ce paquet ne renfermait que des cheveux et quelques lettres d'une femme dont personne ne connaissait ni le nom ni l'écriture, ni ne s'en souciait, on se rejetta sur les papiers du portefeuille.

Alors l'entendu de la bande fit observer que les formules employées pour l'astronomie, qu'il voyait, sans doute, pour la première fois de sa vie, cachaient nécessairement un sens mystérieux : que le soleil était Napoléon, la lune Marie-Louise, et Saturne le Roi de Rome. A la vérité on aurait pu lui dire que Saturne, jusque là, avait passé pour le père des Dieux, non pour leur fils; mais le danger ayant disparu, le temps de se morfondre en excuses avec des valets de police étant passé, ***** les traita d'ânes et de canaille, et les menaça de leur donner sur les oreilles s'ils continuaient de l'ennuyer.

Ces gens là durent être assez surpris de la transition, n'ayant pas eu, même alors, assez d'esprit pour s'apercevoir qu'ils venaient, une seconde fois, d'être pris pour dupes.

L'astronomie séditieuse fut saisie, ensemble avec les tables de logarithmes qu'on prit pour un code maçonnique. Le lendemain, des magistrats un peu moins stupides que leur valetaille, renvoyèrent la capture à *****, avec des protestations et des excuses; et en furent quittes pour devenir la fable du pays et la risée dès honnêtes gens, ce qui, du reste, avant comme après, est arrivé fort souvent, là et ailleurs, à maints autres magistrats.

Vous pardonnerez, Sire, l'étendue que j'ai donnée à ces détails.

Votre Majesté verra qu'un homme de tête et de cœur, habitué à compter la vie pour rien et le succès pour tout, peut quelquefois, par une grande présence d'esprit et une rare intrépidité, être appellé à réparer des fautes qu'il n'a point commises, et à rétablir la balance que les bizarreries du destin s'étaient faites un jeu de troubler.

Cette visite n'avait point eu pour cause le moindre soupçon sur ce qui se prépare ; cependant elle aurait pu tout perdre.

Les plus grands événemens sont quelquefois subordonnés aux plus petites circonstances ; et l'histoire d'Angleterre nous a conservé ce trait, où, la veille même de l'explosion d'un complot dont le but était de rendre à ce beau pays le fléau du papisme, avec celui de la légitimité des Stuarts, l'un des conjurés ayant été arrêté pour dettes, tous les autres se dispersèrent, se croyant découverts, tandis que personne ne songait à eux, et le complot resta sans effet.

Je suis avec le plus profond respect ;

De Votre Majesté,

Sire,

Le très-humble et très-fidèle et dévoué, etc., etc.

*****, le 30 septembre 1814.

RAPPORT *(hh)*

Adressé à Sa Majesté l'Empereur Napoléon à l'île d'Elbe, par le principal Émissaire en Italie, daté de Naples, du 14 Octobre 1814.

Votre Majesté a reçu mes rapports datés de Gênes, de Venise et de Bologne : je pense que celui que j'ai eu l'honneur de lui adresser de Rome, le 8 septembre dernier, lui est également parvenu, quoique je n'en aie pas encore la certitude à cause du détour qu'il a dû faire.

Parvenu maintenant au bout de la carrière qu'il m'était enjoint de parcourir, et après avoir fait, sur le royaume de Naples, toutes les observations qui m'étaient recommandées, je vais m'acquitter du devoir imposé à ma

(hh) Ce rapport était en langue italienne.

mission, en récapitulant, à Votre Majesté, la situation des différens états qui composent l'Italie proprement dite.

Le Piémont.

Je comprends, sous cette dénomination, tout ce que la maison de Savoie a récupéré de ses anciens états du continent, car je n'ai que des notions fort vagues sur l'île de Sardaigne, et peu importantes dans l'affaire qui nous occupe.

La Savoie et le comtat de Nice, habitués de plus ancienne date au régime français, frémissent à la seule idée de se sentir sous la domination piémontaise. Quant à Gênes et au pays qui formait l'ancienne Ligurie, on ne saurait se faire une idée de l'état d'exaspération où se trouvent les habitans de toutes les classes. Depuis la Magra jusqu'au Var, personne n'est content; et les nobles eux-mêmes aideraient à une révolution, peu importe dans quel esprit, pourvu que leur ancienne république fut arrachée au joug qui pèse sur elle en cet instant.

Toutefois, les habitans de la Savoie aimeraient beaucoup mieux saisir l'occasion d'un bouleversement pour se constituer en république indépendante ou s'unir au Valais, que d'entrer dans l'Empire Romain. Ces contrées ont été placées par la nature, bien plutôt pour faire partie de la France, que pour relever du Capitole.

Ligurie.

Gênes et tout son territoire, entrera de coopération et d'esprit, dans la grande famille italienne, bien mieux et beaucoup plus vîte qu'aucune autre partie de la péninsule.

Royaume d'Italie.

Le ci-devant royaume d'Italie y entrera avec un égal empressement.

Mais les villes de Milan et de Venise auront besoin de recevoir, tout d'abord, l'assu-

rance que l'éclat et la splendeur d'une cour
leur seront accordés. Sans quoi, l'intrigue trouvera accès dans l'esprit des classes populaires,
pour y semer des divisions.

Les villes de Brescia, Bergame, Crema,
Bologne, Bologne surtout, se leveront en
masse : le nom de Napoléon y est littérale-
ment idolâtré.

Toscane.

Le pays le plus récalcitrant de toute l'Italie
sera la Toscane ; et, j'ajouterai même, le
seul disposé à l'insurrection, si d'ailleurs la
poltronnerie notoire, la couardise insigne de
ses habitans, leur aversion prononcée pour la
guerre, ne rendaient leur prompte soumission
à peu près certaine.

Toutefois, et pendant long-temps, la Toscane pourra être soumise, mais ne sera pas
affectionnée au nouvel ordre de choses qui
se prépare pour l'Italie.

Ce petit royaume est réellement le jardin

de l'Europe : le grand-duc Léopold le rendit
tellement heureux durant un règne fort long,
qu'il est très-difficile de faire, après lui, quelque chose qui puisse plaire aux Toscans.

Après le départ de son fils, le grand-duc
Ferdinand, la Toscane éprouva, il est vrai,
en l'an 7, sous la régence, des réactions
dignes de ce qui se passait, à la même époque, dans le royaume de Naples, et l'ère de
1799 est une tache de sang dans l'histoire
de ce beau pays.

Mais le caractère personnel du Grand-Duc,
la douceur de son règne à Saltzbourg et à
Wurtzbourg, les souvenirs des maux qu'a
éprouvés la Toscane depuis qu'elle cessa d'être
sous ses lois, l'antique affection nationale pour
la mémoire de Léopold, tout concourt à rendre cette famille chère aux Toscans, et à
éloigner le jour où ils pourront généralement
apprécier l'avantage des institutions fondamentales, dont ils ont pu se passer si long-
temps, et qui ne peuvent être comprises que

d'un petit nombre d'hommes éclairés, plus ou moins rares partout.

Si donc il s'élève, en Italie, une résistance sérieuse, ce ne sera, selon moi, qu'en Toscane.

Etats Romains.

La situation amphybie de ce pays ne saurait être comparée à celle d'aucune autre contrée de la terre.

Ici, il y a un Pape dont nul ne se soucie, et une papauté dont nul ne sait encore se passer.

C'est, ici, l'opposé de la Toscane. Là, c'est l'homme que l'on aime dans le prince. A Rome, c'est le pape; tant mieux si l'on en change tous les mois.

Il n'existe, sur la superficie du globe, aucun pays chrétien où la loi du Christ soit, ni moins suivie ni même plus ignorée que dans les états de l'église.

Toutefois, la canaille tient encore à cette vieille idôle, et la canaille, à Rome, s'étend depuis le transtéverin jusqu'au duc.

Quelques-uns tiennent au pape parce qu'il est souverain : un plus grand nombre tient à ce souverain parce qu'il est pape.

C'est un terrible levain de discorde que la présence du pape à Rome.

C'est un gouvernement eunuque, dont cependant la perpétuité est l'un des chefs-d'œuvre de la théocratie.

Enlever le pape de Rome est fort aisé : c'est l'affaire de quelques gendarmes, comme on l'a vu en dernier lieu, sans même que le peuple de Rome se soucie guère mieux du pape que de la statue de Pasquin : et peut-être ne serait-il pas plus prudent de le priver de l'un que de l'autre.

Mais le grand point consiste dans l'attirail de la papauté ; dans cette immense clientèle de fainéantise, de turpitude et d'ignorance, qui ne sait vivre qu'aux dépens de la sottise, et qui préférerait mourir de faim plutôt que rien faire d'honorable, ni d'utile à la société.

Les sept huitièmes des habitans de Rome,
et les deux tiers des sujets du pape, ne vi-
vent que de cela depuis des siècles; et il ne
faut pas rechercher ailleurs la cause de la
dépopulation toujours croissante, comme du
dépérissement de l'agriculture, de l'insalu-
brité des campagnes, de l'effroyable et dégoû-
tante dépravation des villes, et de la profonde
ignorance dans toutes les classes et partout,
que l'on rencontre dans les états du pape et
qui frappe les moins clairvoyans de prime
abord, aussitôt que l'on y entre, peu importe
de quel côté, et le contraste est surtout re-
marquable, pour ceux qui viennent de la Toscane: C'est le Dante qui quitte le séjour des
bienheureux, pour entrer en enfer.

Cependant cette populace abrutie, ces hommes hébétés, ces mêmes

« Squallidi, muti, estenuati volti,
« Di popal rio, codardo, insanguinato » (ii)

(ii) Alfiéri. Sonnet.

savent, tant bien que mal, qu'ils descendent des anciens maîtres du monde, et sont très-susceptibles de s'enflammer au souvenir de la gloire dont jadis resplendissait le Capitole.

Ils confondent, dans leur ignorance, leur dévotion pour la Madone, et leur admiration pour Romulus : les plus minutieuses pratiques du catholicisme, se marient aux traditions des payens ; et ce peuple, au total, paraît, plus qu'il ne l'est peut-être, éloigné de cette situation politique et morale, propre à lui faire goûter l'avenir qu'on lui prépare. C'est moins là où gît la difficulté, que dans la nécessité de prémunir ce même peuple, dans la suite, contre cette guerre sourde et permanente qu'il aura à soutenir, de la part de tous ceux qui ne sauront jamais se faire, aux institutions ni au sens commun.

Le grand mal des révolutions, c'est que la plupart renversent les intérêts, là où il faudrait simplement les déplacer. Et si en France on eût déplacé, dans la révolution, une masse bien plus considérable d'intérêts, le 31 mars n'aurait eu d'autre résultat que l'occupation momentanée de Paris.

L'affaire du Pape est grave, très – grave ; non comme chef spirituel d'un culte bien mieux connu et pratiqué à mille lieues de Rome qu'à Rome même ; non comme pourrait l'être ailleurs tout autre souverain temporel ; mais parce qu'ici la souveraineté temporelle ne peut se remplacer par aucune autre ; et qu'elle est d'un caractère unique et ne peut pas plus of-frir d'équivalent qu'en avoir.

A Paris, à Madrid, à Naples et ailleurs, on a vu, et même de nos jours, des dynasties succéder à d'autres dynasties ; et soudain une foule de ce peuple de cour qui ne vit que de la cour, passer d'une couleur à l'autre sans commotion ni contrainte.

Mais l'Empereur des Romains, que fera-t-il de ces soixante-douze cardinaux, se comparant sans façon aux rois, et dont chacun a sa cour, comme s'ils l'étaient tous en effet ?

Que fera-t-il de tous ces archevêques, de ces évêques *in partibus* ou non ; de ces *monsignori* sans nombre, de ces prélats, vice-prélats, aspirans-prélats, apprentis-prélats ; de ces chanoines, pénitenciers, prêtres, abbés, séminaristes ; de cette armée de moines de toutes les couleurs, de nonnes de toutes les dimensions ; de ces *daterie, pénitencerie, propagande ;* de tous ces ministères à portefeuille d'ignorance et d'imposture, de cette légion d'employés, dont l'emploi consiste à ne rien faire, et qui n'en perçoivent pas moins, depuis des siècles, d'énormes salaires puisés dans la poche du genre humain ?

Que fera-t-il, enfin, de cette valetaille qui compose la nation toute entière, depuis le Camerlingue jusqu'au bédeau de village, propre seulement à dire la messe ou à la servir, à s'asseoir au confessional ou à aller s'y prosterner ? Et c'est du pied même du Capitole qu'il s'agit de relever, que partira pourtant le premier cri de misère ; et ce cri fut toujours le signal des révoltes :

Votre Majesté a ordonné que la vérité fût portée à sa connaissance, dépourvue de précautions oratoires : je crois donc devoir la dire telle qu'on me l'a demandée.

Les grands changemens froissent toujours de nombreux intérêts ou de vieilles affections. C'est beaucoup trop, déjà, d'avoir un seul de ces obstacles à combattre : je crois qu'il n'est pas donné à aucune puissance humaine de les vaincre, à la fois, tous les deux.

J'ai dit, plus haut, que les Toscans pourraient résister, peut-être, par la raison qu'ils sont bien, et qu'ils craindraient de ne plus l'être en changeant. Si on leur laisse leur *statu quo*, ce qui ne me paraît pas difficile, leur opposition ne sera plus que négative : ce sera l'inertie qui refuse d'agir, mais non la fureur qui s'oppose à ce qu'on agisse.

C'est cependant, selon moi, cette fureur désespérée qu'on peut avoir à craindre, dans les États de l'Église, et surtout dans la ville même de Rome.

Alors, il se sera formé, au centre du renaissant Empire, un double noyau de résistance, active et passive, à laquelle viendront
se grouper tous les mécontens de l'Italie, aux
applaudissemens de tous les éteignoirs de l'Europe.

Oui, je le répète; nombre de Romains, au
sein même de leur ignorance, de leur abru-
tissement, répondront au noble cri de renaissance du Capitole : l'héritage de sa gloire antique a conservé quelque chose de grandiose,
qui parle encore aux imaginations ardentes
des enfans de Romulus, des descendans de
Rienzi. Et l'effet magique de ces grands souvenirs se soutiendrait même, je n'en doute
pas, s'il était humainement possible de remplacer, sans intervalle, pour deux millions
d'habitans, l'existence de la veille par l'existence du lendemain.

Panem et circenses fut toujours le cri des
peuples; et un peuple entier qui a faim peut
renverser l'univers.

Le génie créateur de Votre Majesté, si fé-
cond en prodiges, n'en aurait opéré jamais de
comparable à celui qui parviendrait à offrir
une existence à une nation entière composée de
spectres, qui consomme sans produire, qui
éprouve tous les besoins, toutes les misères
de l'humanité, et qui, depuis tant de siècles,
se refuse obstinément d'en faire partie.

Ce premier point est plus important que le
Pape. L'homme le plus dévôt pourra finir par
se passer du saint fétiche, mais il ne se passera pas de diner. Et dès que ce besoin im-
périeux se fait sentir, alors viennent tous les
auxiliaires de la vieille idôle; l'un promet le
paradis, l'autre menace de l'enfer, le troisième
parle d'un riant avenir, un quatrième fait
l'éloge du passé; tous s'accordent sur ce point,
que le meilleur des régimes est celui où l'on
peut vivre sans rien faire et sans être bon à
rien, et que Satan en personne a vomi, de son
antre, le gouvernement qui ose proposer à
des chrétiens de travailler pour manger.

Le papisme et du pain forment des êtres lâches et stupides, tels qu'on les voit aujourd'hui sur les bords du Tibre. Mais, Sire, le fanatisme et la faim peuvent transformer cette cohue en un peuple de héros.

Je conclus, pour les États Romains, et principalement pour Rome, que la population offrirait, par la magie des souvenirs, des élémens précieux, si, en relevant l'Empire Romain, on parvenait à faire vivre tant d'oisifs, le temps nécessaire à leur inspirer l'amour du travail.

Mais comme ceci me paraît une entreprise impossible, je crains que le projet qui nous occupe ne rencontre de tels obstacles à sa naissance, que ne pouvant les renverser de front, il vaille mieux les tourner.

J'entends, par là, que peut-être serait-il plus prudent de commencer par créer trois royaumes fédératifs, qui formeraient, dans leur ensemble, l'Empire Italien, laissant en dedans des royaumes, et en-dehors de la politique, Rome, le Pape et la papauté avec un rayon de territoire assez resserré pour le priver de force matérielle, et cependant assez considérable pour laisser aux peuples la facilité d'établir des comparaisons; comparaisons qui ne pourraient manquer, à la longue, de produire leur effet. Ce serait prendre la sottise et l'imposture par famine : le siége pourrait devenir long, mais leur chûte serait assurée. Si on les attaque en front de bandière, je crains que l'une et l'autre, armées du bras du désespoir, ne parviennent à tout renverser, peut-être même à empêcher que rien ne s'élève ni ne se consolide.

Naples.

Ce royaume sera, selon moi, le plus aisé à bouleverser, le plus aisé à faire changer ensuite, et le plus aisé à bouleverser de nouveau. On connaît cet ancien adage. — *Il bravo popolo di Napoli, conosciuto per la sua fedeltà e per quattodici ribellioni.* — « La brave

» population de Naples, connue par sa fidé-
» lité et par quatorze révoltes (*kk*). »

Mais le royaume de Naples n'est pas tout dans sa capitale , comme, par malheur, la France est entièrement dans Paris ; car les Parisiens n'ont su défendre leurs murs que quand il s'agissait d'en empêcher l'entrée à un Roi honnête-homme ,

« Au seul Roi dont le peuple ait gardé la mémoire. »

Dans la dernière campagne, toute la France était au quartier impérial ; là seulement on faisait des prodiges ; là seulement on sentait qu'il s'agissait du tout au tout : *to be or not to be ;* et Votre Majesté a pu se dire vingt fois, à la Rothière comme à Vauchamps, dans la bonne comme dans la mauvaise fortune,

« Rome n'est plus dans Rome, elle est toute où je suis. »

Mais, dans le royaume de Naples, on est

(*kk*) Depuis que ceci est écrit, elle en a éprouvé deux autres, en 1815 et en 1821.

loin de tout avoir, quand on tient la capitale. La population des provinces, et principalement des Calabres, n'a presque rien de commun avec celle des grandes villes du royaume.

J'ai vu le deux Calabres durant la guerre : les habitans bien guidés sont capables de prodiges. Ce sont des hommes féroces, mais tous sont des hommes, ou possèdent la taille pour le devenir, ainsi qu'à l'autre extrémité péninsulaire, les montagnards de la Ligurie.

Les Calabrais se sont révoltés contre les Espagnols et contre les Français, parce qu'on n'a pas connu la manière de les prendre, et qu'ils ont l'excellente qualité de ne pouvoir sentir aucun étranger chez eux ; la première de toutes les dispositions pour former, comme pour maintenir, une nation indépendante.

Autant je redoute la complication d'obstacles que présentent les États Romains , autant je pense que les peuples des Calabres, des Abruzzes et autres provinces de la Sicile continentale déjà un peu décrassés par la présence des

Français, pourront devenir d'un très-grand secours à la renaissance et à l'affermissement de la gloire nationale en Italie. Il s'agit de ne leur envoyer que des hommes connaissant bien leur caractère, et animés de la volonté de les bien étudier. Ce caractère a beaucoup de rapport avec celui des montagnards de la Corse.

Au total, je crois possible, probable même, de parvenir à la régénération italienne, à condition qu'on y procède, au moyen d'un premier pas préparatoire, à une fédération monarchique-constitutionnelle. L'entreprise me semble bien douteuse, si on essaie de tout renverser à la fois, pour tout reconstruire dans la suite.

Je suis avec autant de dévouement que de respect,

De Votre Majesté,

Sire,

Le très-humble, etc.

Plusieurs rapports d'un intérêt piquant, remplis des anecdotes les plus singulières, la plupart inconnues jusqu'ici, pourraient trouver place dans cet ouvrage, faire suite, ou en remplir les lacunes ; mais le moment n'est pas encore arrivé de tout dire, sans exposer de braves gens au *poignard des amnisties.*

Passons donc maintenant, à ce qui amena les cent jours.

Au mois de novembre 1814, quelqu'un fut envoyé de France à l'île d'Elbe, avec plusieurs dépêches pour l'Empereur Napoléon. Il en avait aussi, avec beaucoup d'autres, des deux interlocuteurs de la Brie. Comme ces deux individus se voyaient rarement, n'envisageaient pas les choses sous le même aspect, que l'un ne s'occupait que de l'Empire Romain, tandis que l'autre ne rêvait que le retour de Napoléon en France; jamais ils ne se communiquaient, l'un à l'autre, ce qu'ils écrivaient à l'Empereur, lequel, ainsi, trouvait toujours leurs dépêches écrites dans des dispositions contraires, incompatibles entre elles.

Napoléon admit le messager à son audience, le reçut fort bien, et après avoir lu une partie des dépêches qu'il venait de lui remettre, un dialogue s'établit, et l'Empereur l'ouvrit en ces termes (*ll*).

(*ll*) Le messager tint note de ce dialogue, au moment même où il quittait Napoléon, et le montra, à son retour, à ceux qui lui avaient confié les dépêches. L'un d'eux le copia, et quand l'Empereur fut à Paris, il le lui fit voir. — Napoléon le lut, s'en amusa beaucoup, et dit souvent pendant la lecture. — *C'est cela, c'est cela même. Jamais*, ajouta-t-il, *je n'ai vu un être aussi original que cet homme-là : me parlant avec autant de franchise qu'à un caporal. Son désintéressement surtout me frappa. Maintenant il faut que je l'emploie, et que je fasse sa fortune.*

DIALOGUE

ENTRE

L'EMPEREUR ET LE MESSAGER.

L'EMPEREUR.

Que fait-on en France ?

LE MESSAGER.

Sire, on vous attend.

L'EMPEREUR.

Mais, que dit-on ?

LE MESSAGER.

On dit, Sire, que vous reviendrez.

L'EMPEREUR.

Avec quelle armée veut-on que j'y rentre ?
Je n'en ai point.

LE MESSAGER.

Vous n'avez nul besoin d'armée, Sire, pour
aller à Paris.

L'EMPEREUR.

Comment cela ?

12

LE MESSAGER.

Comment, Sire! mais Votre Majesté ne sait donc pas ce qui se passe en France!

L'EMPEREUR.

Je sais qu'on y fait beaucoup de sottises.

LE MESSAGER.

On y en fait en tel nombre, et de si monstrueuses, qu'une révolution est inévitable. On parle sans se gêner dans les cafés, les promenades, les lieux les plus fréquentés, d'un changement prochain, comme on parlerait d'une nouvelle déjà annoncée dans les journaux. C'est à tel point que, nulle part, la police n'oserait y mettre obstacle.

Tous les partis, Sire, sont d'accord sur un point : c'est que l'ordre actuel de choses ne peut durer six mois.

L'EMPEREUR.

Depuis mon abdication, ma vie politique est terminée. Je me repose, ici, je fais travailler, je suis tranquille, et n'ai rien à faire.

LE MESSAGER.

On s'embarrasse fort peu, Sire, de votre abdication; si on laissait faire les Français, on
pendrait ceux qui vous l'ont fait signer. Je
vous assure que vous ne serez plus long-temps
sans rien faire : vous vous êtes reposé assez.

L'EMPEREUR.

Qui êtes-vous ?

LE MESSAGER.

Sire, mon nom est sur la dépêche de *****.
Je me nomme **.

L'EMPEREUR.

Avez-vous servi ?

LE MESSAGER.

Oui, Sire.

L'EMPEREUR.

Je crois vous avoir vu en Russie.

LE MESSSAGER.

Oui, Sire, j'ai effectivement fait cette campagne là, et celles de la liberté, au commencement de la révolution.

L'EMPEREUR.

Je crois que votre nom me revient. Il y a eu, sous mon règne, quelqu'un nommé comme vous, qui a été surveillé pour avoir mal parlé de mon gouvernement. Savez-vous s'il est de vos parens?

LE MESSAGER.

C'est moi-même, Sire!

L'EMPEREUR.

Comment donc! vous ne m'aimiez pas quand je régnais, et vous venez courir le risque de vous faire fusiller pour moi, aujourd'hui que je suis dans l'exil?

LE MESSAGER.

Sire, je n'aimais pas vos droits réunis, je n'aurais pas voulu que vous rappelassiez les nobles émigrés, qui ont servi pour vous trahir, et qui, maintenant, ont l'infamie de s'en vanter. Je n'aurais pas voulu, non plus, que vous fissiez encore d'autres nobles. C'est la peste de la société, que ces gens là; aussi, vous le voyez bien, comment se sont con-

duits vos ducs et vos comtes ? Ils arboraient
des chiffons blancs sur les boulevards, lorsque vos pauvres jambes de bois se battaient
encore à Montmartre.

L'EMPEREUR.

Mais, aujourd'hui, vous avez les mêmes droits
réunis que de mon temps, et quant à la noblesse, vous avez l'ancienne et la nouvelle,
ce me semble.

LE MESSAGER.

Raison de plus pour que V. M. eût pu
fort bien se passer d'en créer : c'est une race
qui ne pullule que trop : mais nous n'en au-
rons pas long-temps.

L'EMPEREUR.

Pourquoi donc ?

LE MESSAGER.

Revenez, Sire, et vous verrez : nous ferons
des nobles, ce qu'on en a fait déjà une autre
fois en France. Ils n'ont pas eu assez de la
première Jacquerie : gare la seconde : il n'en
réchappera pas un seul.

L'EMPEREUR.

Je ne serai jamais l'Empereur des Jacqueries, le chef des massacres : mais vous paraissez avoir de l'instruction : quel est votre métier ?

LE MESSAGER.

Sire, je suis pâtissier, mais si vous revenez, je me ferai soldat encore une fois.

L'EMPEREUR.

Comment voulez-vous que je revienne en France? Il faut une armée, une flotte; je n'ai qu'un bataillon et une corvette.

LE MESSAGER.

Votre Majesté a ses flottes et ses armées en France : montrez-vous, et que seulement l'on aperçoive votre capotte grise et votre chapeau, puis vous verrez.

L'EMPEREUR.

Il ne faut pas vous faire illusion; je conçois que je dois avoir toujours un grand parti : ma chûte a dû froisser trop d'intérêts, pour qu'il en soit autrement.

LE MESSAGER.

Elle a sur-tout froissé les cœurs, et c'est pis, chez nous autres du peuple, que de froisser les intérêts.

L'EMPEREUR.

Cela est vrai : on a blessé la fierté d'une grande nation, on a insulté les grandes choses que j'ai faites, parce qu'on ne se sentait pas de taille à les continuer. On a récompensé la bassesse et honoré la félonie : on a eu la sotte prétention d'humilier ma garde, cette immortelle phalange dont l'Europe entière n'osait encore fixer les regards, pas même sous les murs de Paris. Avec cela je ne saurais me montrer en France sans y apporter la guerre civile, et c'est pour lui en épargner les horreurs que j'ai abdiqué.

LE MESSAGER.

La guerre civile ! avec qui voulez-vous donc, Sire, que nous nous battions ?

L'EMPEREUR.

La noblesse, les prêtres, ceux qui ont gagné à mon départ, ceux qui espèrent gagner encore, ...

LE MESSAGER (*interrompant l'Empereur.*)

Tout cela, Sire, n'est qu'une poignée de lâches, qui n'oseraient pas même se montrer : et puis, s'ils se montraient, tant mieux : ce serait plutôt fini ; la France n'en serait que plus riche, plus tranquille et plus belle ; comme un gueux qui s'est débarrassé de sa vermine. Vous donneriez les biens de ces gens-là à la légion d'honneur, cela aurait bientôt refait le fond de vos dotations, qui sont maintenant flambées.

Que diable voulez-vous, Sire, qu'une cohue de misérables, ayant vécu vingt années des aumônes et des outrages de l'ennemi, osât entreprendre contre toute l'armée qui est pour vous, et contre toute la nation qui lui servirait de réserve, ou plutôt d'avant-garde ?

L'EMPEREUR.

C'est possible, cependant ; il ne faut rien exagérer : les femmes ne m'aiment pas ; j'ai eu besoin de trop d'hommes, elles jetteraient les hauts cris, cela seul allumerait une guerre intestine.

LE MESSAGER.

Vous ne connaissez donc pas les femmes, Sire ? C'est à présent qu'il les faudrait entendre crier. Elles sont plus enragées que les hommes. J'en puis juger : ma mère, ma femme et ma sœur juraient à tout moment contre vous, à cause de la conscription. A peine annonça-t-on votre chute, qu'elles en demeurèrent interdites. Cependant, ces mots, *plus de droits réunis, plus de conscription* avaient fait plaisir un moment (*mm*). Mais nous n'avons pas tardé à voir qu'on s'était moqué de nous. Les rats de cave vont leur train, et

(*mm*) On ne les épargna pas les jolis mots au retour, mais les faits furent loin de répondre aux paroles. *Il n'y a qu'un Français de plus*, avait-on dit à la même époque : mais bientôt j'aperçus que les prétendus *Français de plus* rentrant avec les étrangers, étaient plutôt *des ennemis de plus* et des *Français de moins*.

quant à la conscription, nous n'en avons point, cela est vrai, mais ce n'est pas la faute de ces messieurs. Pour le moment, ils voudraient plutôt se débarrasser des soldats qui existent et de ceux qui rentrent des prisons de l'ennemi, que d'en accroître le nombre : mais s'ils *tenaient*, et qu'ils fissent un jour la guerre, nous aurions la conscription tout aussi bien qu'aujourd'hui les droits réunis. On nous ferait battre encore une fois, peut-être, pour une croisée de travers, ou pour la robe d'une favorite. Guerre pour guerre, j'aime mieux retourner à Austerlitz ou à Friedland, que de perdre mes membres pour de pareilles bêtises.

L'EMPEREUR.

Vous êtes pâtissier, dites-vous; cependant vous montrez plus d'instruction qu'on n'en acquiert d'ordinaire en faisant des gâteaux.

Toutefois, je ne saurais vous soupçonner. Vous me venez de trop bonne part pour cela.

LE MESSAGER.

Ah , Sire ! ceux qui m'envoyent me connaissent bien. Je ne vous le cache pas : je vous aimais mieux consul qu'Empereur ; mais à présent, revinssiez – vous grand – turc, je suis des vôtres à la vie et à la mort. Plût au ciel, pour la France et pour vous, que vous n'eussiez eu que des pâtissiers dans vos états–majors, et moins d'émigrés rentrés. Nous n'aurions pas été si ajustés, si pomponnés dans les antichambres ; mas je vous jure que pas un cosaque n'aurait mis le nez dans Paris, autrement que prisonnier.

L'EMPEREUR.

Mais vous n'avez pas fait, toute votre vie, des petits pâtés.

LE MESSAGER.

A peu près, Sire : nous étions plusieurs enfans : ma pauvre mère me fit étudier pour devenir prêtre, et c'est alors que j'ai appris le peu que je sais, ou acquis la curiosité d'en savoir, petit à petit, un peu plus.

Tant que j'étais un sot, ce métier me plaisait, parce que je n'avais rien à faire. Mais quand on m'eut un peu décrassé, je vis qu'il fallait être ou cafard, ou mauvais prêtre ; le bréviaire m'ennuyait, et je me mis à lire autre chose. Le premier livre qui tomba sous ma main fut les romans de Voltaire, qui me firent ouvrir un œil. Je lus ensuite son *Dictionnaire philosophique*, et j'ouvris l'autre. Depuis lors j'ai lu le *Contrat social* et un peu d'histoire ; et quand cela était si beau, je lisais toujours les gazettes. A présent, c'est une lecture qui fait mal au cœur.

L'EMPEREUR.

Mais avez-vous été prêtre ? Avez-vous été ordonné ?

LE MESSAGER.

Non, Sire, je jettai le froc aux orties, et pris un fusil.

L'EMPEREUR.

Combien de temps avez-vous servi ?

LE MESSAGER.

Depuis la bataille de Jemappes jusqu'après la bataille de Hohenlinden.

L'EMPEREUR.

Ah ! vous avez servi sous Moreau ! Que pensez-vous de ce général ?

LE MESSAGER.

J'en pense, Sire, qu'il aurait fallu envoyer au Panthéon la moitié de son corps, et attacher l'autre moitié au gibet, pour rendre une égale justice aux deux moitiés de sa vie..

L'EMPEREUR.

D'où venez-vous ?

LE MESSAGER.

De Paris, Sire.

L'EMPEREUR.

Cependant, vous n'habitez point Paris, je crois ?

LE MESSAGER.

Non, Sire, j'en suis à cent lieues ; mais *****, en me remettant ses dépêches pour Votre Majesté et pour M. ** (*nn*), m'a envoyé auparavant à Paris, où on m'a encore remis une autre dépêche, celle que V. M. a ouverte la première ; celle cachetée en noir.

L'EMPEREUR.

Par où avez-vous passé ?

LE MESSAGER.

J'ai pris par la Bourgogne, par Lyon, Avignon, Marseille, Toulon, Nice, Gênes, etc., jusqu'à....., où je me suis embarqué. J'ai fait exactement, comme mes instructions me prescrivaient de faire.

L'EMPEREUR.

Que portaient ces instructions ?

LE MESSAGER.

Elles me prescrivaient d'abord de suivre ce chemin ou à peu près, afin de parcourir le plus de France que je pourrais : de me fourrer partout ; de parler peu, d'écouter

______

(*nn*) Il s'agit ici du président du congrès, qui était en Italie.

davantage, de ne rien oublier, et d'examiner ce qu'on dit, ce qu'on pense de Votre Majesté et des Bourbons, dans les villes et dans les campagnes; sur-tout ce qu'en pensent les militaires.

L'EMPEREUR.

Eh bien ! Quel est le résultat de vos observations ?

LE MESSAGER.

Le résultat est tout simple : c'est que tout le monde se plaint, que personne n'est content, et qu'on vous attend partout. Si vous m'en croyez, Sire, vous reviendrez avec moi.

L'EMPEREUR.

Mais, de moi, qu'en dit-on ?

LE MESSAGER.

On dit que vous avez eu trop d'ambition, que vous avez eu tort d'épouser une autrichienne, d'aller en Espagne et même en Russie; que vous auriez dû faire la paix à Dresde; on dit que vous avez été trahi par la plupart

des maréchaux ; que vous les avez trop en-
richis. Je vous jure que si cela ne tenait
qu'aux soldats, Marmont, Augereau, Ney,
Berthier et Victor auraient bientôt perdu le
goût du pain. Je ne leur conseillerais pas
de sortir le soir, seuls, dans une ville de
garnison : on en ferait de la chair à pâté.
On prétend aussi qu'Oudinot vous a trahi à
Vitry-le-Français (*oo*).

L'EMPEREUR.

Et que dit-on des Bourbons ?

LE MESSAGER.

On dit que le roi est un assez bon homme,

(*oo*) La justice veut qu'on reconnaisse, pour ce qui
concerne le maréchal Berthier, que rien n'annonce qu'il
ait trahi Napoléon. Mais aussi, on ne saurait discon-
venir, que cet illustre guerrier ne se soit déshonnoré,
en quittant, dans la disgrace, le grand homme dont il
avait eu l'honneur, pendant vingt années, d'être l'in-
séparable compagnon de gloire. Quelle différence avec
le général Drouot ! Aussi, peut-on trouver de nom plus
vénéré que le sien, de réputation plus pure, en Europe ?

mais que ses ministres sont des ânes et des coquins. On se plaint qu'à la cour, on ne fait bon accueil qu'aux traîtres et aux nobles. C'est, surtout, à ceux-ci qu'on en veut le plus. Il n'est pas de village où on ne soit prêt, au premier signal, à leur tomber sur le baptème.

L'EMPEREUR.

Combien de temps avez-vous mis de Paris à Nice ?

LE MESSAGER.

Vingt jours, Sire : on m'avait ordonné de me fourrer partout, et je vous assure qu'il est peu d'auberges, de cabarets, de cafés, de billards où je ne sois entré.

L'EMPEREUR.

Combien êtes-vous resté à Lyon et dans les villes principales ?

LE MESSAGER.

A Lyon quatre jours ; un à Grenoble, un à Avignon, trois à Marseille, un à Toulon. Je ne prenais jamais la diligence ou la cariole, que d'une ville à l'autre.

L'EMPEREUR.

Mais à Lyon on ne m'aime sans doute pas beaucoup : je lui ai fait, il est vrai, le plus de bien que j'ai pu, mais la paix fera gagner considérablement à ses fabriques.

LE MESSAGER.

A Lyon, Sire, allez-y, et puis vous verrez! Il y a bien peut-être, par-ci, par-là, quelques nobles, quelques gros, qui aimeront mieux le gouvernement actuel ; gare cependant s'ils fesaient les crânes ; on les flanquerait dans la Saône tous les premiers.

L'EMPEREUR.

Mais, dans la Provence, on ne m'aime pas?

LE MESSAGER.

Je sais bien, Sire, que c'est un pays d'enragés ; toutefois, ils en rabattent déjà beaucoup. A Marseille, par exemple, ils s'imaginaient, peut-être, que les alouettes leur tomberaient toutes rôties dans la bouche, et voilà que plus de la moitié, déjà, se plaint de la misère.

L'EMPEREUR.

Que dit-on à Nice ?

LE MESSAGER.

On aimerait tout autant y appartenir au dey d'Alger : et à Gênes encore pis. On y maudit les Anglais d'une jolie manière, depuis que ces pays-là sont devenus Piémontais. Ah, si vous entendiez !...

L'EMPEREUR.

La cause des peuples a été vaincue dans moi.

LE MESSAGER.

Les peuples et vous, pouvez-vous relever, Sire, si vous m'en croyez. Suivez mon conseil, vous vous en trouverez bien, et la France encore plus. Croyez-moi, vous n'êtes pas si bien dans votre vilain trou de Porto-Ferrajo, que vous le seriez dans Paris ; mais si vous y revenez, n'allez plus tant courir : vous avez couru assez. Toute cette immense Russie ne vaut pas seulement votre belle rue de Rivoli.

L'EMPEREUR.

Je deviens vieux, à présent, j'ai besoin
de repos.

LE MESSAGER.

Vieux, Sire? vous avez mon âge, et nous
avons, j'espère, l'un et l'autre, encore vingt
campagnes dans le corps.

L'EMPEREUR.

Vous me conseilliez, tout à l'heure, de ne
plus courir, et vous parlez maintenant de
vingt autres campagnes : je n'en ai guère plus
fait dans toute ma vie.

LE MESSAGER.

J'entends, Sire, dans le cas où on vous
chercherait des querelles d'allemand. Si on laisse
la France tranquille, laissez les autres faire ce
qu'ils voudront : chacun chez soi. Mais venez
donc nous délivrer de cette maudite engeance
de noblesse, qui a repris tant de bec : qui
parle déjà de récupérer les biens vendus, de
rétablir les droits féodaux, et les prêtres la
dîme. Si tous les Français avaient du sang

dans les veines autant que moi, ces gens-là auraient bientôt rabaissé leur caquet.

L'EMPEREUR.

Que disent les journaux en Italie ?

LE MESSAGER.

Depuis qu'il n'y a plus vos bulletins, les journaux ne disent que des bêtises, en Italie comme en France, et je n'en lis presque plus.

L'EMPEREUR.

Et des brochures ?

LE MESSAGER.

Il en pleut de toutes parts.

L'EMPEREUR.

M'en avez-vous apporté ?

LE MESSAGER.

J'en ai bien quelques-unes dans mon porte-manteau, mais elles sont un peu chiffonnées. Je n'oserais pas les présenter à Votre Majesté; sauf le mémoire de Carnot, dont voici un exemplaire tout neuf.

L'EMPEREUR.

N'importe ; donnez toujours ce que vous avez.

LE MESSAGER.

Prenez garde, Sire, il en est qui ne font pas votre éloge : ne vous en prenez pas à moi.

L'EMPEREUR.

Nullement ; je suis bien aise de lire le pour et le contre.

LE MESSAGER.

Vous vous y prenez trop tard, mais cela vaut encore mieux que jamais. C'est quand vous étiez si fort, qu'il fallait écouter tout le monde, et non pas vos maudits flatteurs seulement.

L'EMPEREUR.

Avez-vous du Châteaubriand ?

LE MESSAGER.

Oui, Sire, du tout pur, et qui ne vous arrange pas mal : vous verrez.

L'EMPEREUR.

J'ai déjà lu plusieurs libelles contre moi.

Châteaubriand a du génie : un style roman-
tique : il ne plaît pas aux puristes, mais il
entraîne.

LE MESSAGER.

Je voudrais, Sire, pouvoir vous entraîner
comme son style, et vous persuader que vous
pouvez rentrer en France tout aussi facile-
ment que j'irai, moi, y faire des petits pâtés,
quand vous m'aurez donné vos ordres.

L'EMPEREUR.

Quand êtes-vous arrivé?

LE MESSAGER.

Cette nuit à trois heures.

L'EMPEREUR.

Pourquoi avez-vous gardé vos dépêches si
long-temps.

LE MESSAGER.

Parce qu'il m'était formellement ordonné de
faire mon possible pour les remettre à Votre
Majesté en mains propres, et de ne les lâcher
qui si cela m'était absolument refusé.

L'EMPEREUR.

Vous a-t-on donné de l'argent, en partant?

LE MESSAGER.

Oui, Sire.

L'EMPEREUR.

Combien?

LE MESSAGER.

Mr. ***** m'a remis cent napoléons, et on m'en a donné encore cinquante à Paris; puis j'avais une lettre pour Gênes, en cas de besoin.

L'EMPEREUR.

Combien avez-vous dépensé en route jusqu'ici?

LE MESSAGER.

Un millier de francs à peu près : puis j'avais pris aussi un peu d'argent à moi : j'en ai trois fois plus qu'il ne m'en faut pour m'en retourner, à moins que V. M. ne m'envoye à Naples, comme on m'a dit que cela serait possible, mais j'en aurais tout de même assez.

L'EMPEREUR.

Avez-vous d'autres lettres pour l'île?

LE MESSAGER.

J'en ai deux.

L'EMPEREUR.

Pour qui?

LE MESSAGER.

J'ai oublié les noms, Sire, mais voici les lettres (*pp*).

L'EMPEREUR *regarde les lettres, et les rend au messager.*

C'est bon : vous les remettrez à ces messieurs : ce sont de braves gens, remplis de dévouement pour ma personne.

LE MESSAGER.

Oui, Sire, mais pensez donc un peu à ceux

(*pp*) Pendant que le messager mettait sa main à la poche de côté, pour en tirer les lettres, Napoléon le fixait, en reculant de deux pas : mais il s'en rapprocha, immédiatement, en prenant ces mêmes lettres, qu'il rendit après en avoir regardé la suscription.

qui vous sont si dévoués en France, et qui seront peut-être serfs avant vingt ans d'ici, pour peu que cela dure de ce train, si vous ne venez les délivrer.

L'EMPEREUR.

Il ne faut pas se créer des chimères. Je ne puis pas conquérir la France avec un bataillon.

LE MESSAGER.

Laissez-donc, Sire, vous en avez de reste d'une compagnie.

L'EMPEREUR.

Dans le nombre, on trouvera bien quelque régiment qui, de bon cœur ou non, marchera contre moi.

LE MESSAGER.

Des régimens, Sire ! Vous ne les connaissez pas comme moi. Pas seulement la moitié d'un bataillon.

L'EMPEREUR.

Il ne faudrait qu'un seul coup de fusil pour me tuer.

LE MESSAGER.

Aucun de vos soldats ne fera feu sur vous, Sire; mettez-vous cela dans la tête : je vous en réponds; et si un assassin s'était faufilé dans les rangs, il serait mis en pièces. Le voilà bien avancé de vous tuer à ce prix.

L'EMPEREUR.

Qu'est-ce que les mousquetaires?

LE MESSAGER.

Les mousquetaires! On les mettrait en capilotade, depuis le premier jusqu'au dernier, en route, avant qu'un seul eût paru devant vous, Sire. Ce sont presque tous des gentillâtres qui crèvent de faim, criblés de dettes, et bouffis d'arrogance. La plupart se tiennent à cheval comme des pincettes, et ne savent même pas y monter. On les en abattrait à coups de trique et de fourche : croyez-moi, Sire, ce serait l'affaire du paysan. Vous n'auriez pas la peine de faire croiser la bayonnette à vos vieilles moustaches, que vous avez près de vous. Avec cette poignée de braves vous irez à Paris haut la main, vrai comme il n'y a qu'un Dieu. Je ne suis qu'un pauvre pâtissier, Sire, mais je ne vous dis pas de mensonges, et ne suis pas ivrogne. D'ailleurs, en route, je veillais aux grains : si j'avais bu un coup de trop, j'aurais pu commettre quelque bêtise et me faire fusiller : j'ai été sage : j'ai jasé comme une pie, et écouté comme un confesseur. Je vous jure que ce que je vous dis est exact; et que si seulement on voit le bout de votre chapeau, toute la France sera sur vos pas.

Je ne veux plus m'appeler **, si ce que je vous dis n'est pas vrai. D'ailleurs ne vous en rapportez pas à moi : envoyez des hommes instruits, demandez à vos amis qui m'ont fait partir, et vous verrez si c'est vrai. Que voulez-vous faire toujours dans votre île? Ce n'est pas un pays pour des chrétiens. Revenez, revenez en France : si vous m'en croyez, j'irai vous présenter un gâteau, pour les rois, aux Tuileries.

L'EMPEREUR.

C'est bien, allez vous reposer : venez me voir avant de partir : on vous remettra dix mille francs.

LE MESSAGER.

Vous me direz ce que j'en dois faire, Sire, ils seront rendus fidèlement.

L'EMPEREUR.

C'est pour vous ; pour vous, mon brave.

LE MESSAGER.

Pour moi, Sire! Eh, mon Dieu je les aurais donnés de ma poche, si je les avais, dix mille francs, pour venir seulement vous voir; et il n'est pas un seul Français qui ne les donnât pour avoir une conversation avec vous comme celle dont vous m'avez honoré! Si je croyais seulement profiter d'un centime à ce voyage, je me croirais le dernier des hommes Je rendrai compte jusqu'à un sou, de ce qui m'a été remis en partant.

L'EMPEREUR.

Comment donc! mais je ne le souffrirai pas : vous ne devez pas être riche.

LE MESSAGER.

J'étais pauvre hier, je suis riche aujourd'hui. Sire, on ne vient pas à l'île d'Elbe pour de l'argent, à moins qu'on n'y soit envoyé pour vous trahir; mais ceux qui m'envoyent, vous les connaissez : ils se feraient mettre en pièces pour vous, et moi de même. Je vous prie seulement de me donner vos ordres, et un reçu (*qq*) de mes dépêches, mais gardez votre argent; car pour moi, je vous jure que vous ne me le feriez pas seulement toucher du bout des doigts, quand je devrais gratter la terre toute ma vie, moi, ma femme et mes enfans. Par bonheur, ils vous aiment autant que moi, sans quoi je ferais mauvais ménage,

(*qq*) Le reçu fut délivré, au nom de l'empereur, par une personne de sa suite, à qui Napoléon en donna l'ordre.

ou leur tordrais le cou dans un moment d'humeur. Demandez à *un tel*, officier de votre garde, nous nous connaissons d'ancienne date; il vous dira si l'intérêt me guide.

L'EMPEREUR.

Nous causerons de cela : venez me voir avant de partir. Les réponses seront à Paris avant vous.

Allez vous reposer, vous devez en avoir besoin. On va vous donner le reçu de vos dépêches.

En disant ces derniers mots, l'empereur tendit la main au messager : celui-ci s'en saisit, la serra, la couvrit de baisers, et puis se jettant à son cou, embrassa l'empereur en fondant en larmes. Tenez, Sire, dit-il en partant : cela me vaut mieux que tous les millions de la terre (*rr*).

(*rr*) Ce digne Français, le modèle du désintéressement, revint avec environ sept cents francs, et il voulait, par force, les rendre à celui qui l'avait envoyé.

Le surlendemain, l'empereur fit appeler le messager, et le retint encore, pendant une heure, en audience particulière.

Le dialogue qui s'établit alors, n'offre guère qu'une répétition du premier, avec de nouveaux développemens sur le même sujet.

Napoléon questionnait beaucoup, selon son habitude, et le messager ne tarissait pas, dans ses réponses, selon la sienne.

L'empereur renouvella l'offre des dix mille francs, mais le messager les refusa, avec la fermeté la plus franche et la plus sincère (*ss*). Alors Napoléon lui fit présent (*ss*) d'une répéti-

---

(*ss*) On eut toute la peine du monde à lui faire garder cette misère, et comme il disait avoir honte de se l'approprier, il l'employa à une bonne œuvre, en faveur de l'orpheline d'un grenadier de l'ex-garde impériale, tué à la campagne de France. Cette faible somme fut, par ce brave homme, mise à intérêt, pour être cumulée, à l'âge de vingt ans, et former une petite dot à la fille qui était alors dans sa première enfance.

tion, et le congédia de la manière la plus gra-
cieuse.

Disons un mot d'une aventure fort singulière, qui offrirait un tout autre intérêt si on
pouvait citer les lieux, nommer les personnes
et circonstancier les incidens.

Dès le jour même de sa première entrevue
avec l'empereur, le messager avait voulu
donner de ses nouvelles sur le continent,
aux personnes qui savaient où il était allé.

Ses lettres n'avaient, il est vrai, aucun rapport à la politique; mais dater de Porto-Ferrajo, dire qu'il venait d'avoir, avec Napoléon,
une conversation des plus extroardinaires pendant plus de deux heures, c'en était assez
déjà pour mettre en émoi l'autorité, soit en
France, soit en Italie, partout où une telle
lettre serait parvenue à sa connaissance.

Cette lettre ayant, on ne sait trop pourquoi, le timbre de Livourne, fut remise à
celui dont elle portait l'adresse, lequel, habitué à ces sortes d'envois, les passait souvent

sans déchirer l'enveloppe, au véritable destinataire.

Mais, dans ces entrefaites, il était arrivé
que le destinataire et sa femme avaient éprouvé quelques tracasseries, pour cause d'irrégu-
larité de passeports, et que, plusieurs fois, ils
s'étaient vus obligés de paraître devant les
magistrats, pour donner des explications sur
les motifs de leurs voyages, etc., etc.

Ces deux individus se trouvaient précisément à l'audience de la mairie, lorsque parvint à celui qui recevait habituellement leur
correspondance de la poste, la lettre datée de
Porto-Ferrajo.

Présumant peut-être que c'était l'une des
lettres que ses deux amis attendaient du
maire de leur commune, il n'eut rien de plus
pressé que d'accourir pour la leur remettre
à l'hôtel-de-ville même, afin qu'elle pût leur
être utile.

En tendant la main pour la prendre, le
mari reconnut d'un coup-d'œil l'écriture, vit

le timbre, et devina de quelle importance une telle lettre pouvait devenir, si le magistrat eût voulu en faire lecture. Il l'ouvre, la lit avec un imperturbable sang-froid, et se doutant que sa femme avait deviné quelque chose, craignant que la frayeur ne la portât à déceler, sur son front, le trouble de son âme, et afin de donner à ce trouble, s'il survenait, une explication toute naturelle, propre en même-temps à être respectée des magistrats, il se hâte de communiquer à sa moitié, et à voix basse, quelques mots de la lettre qu'il lui montre sans la lâcher, en y ajoutant, de temps à autre, des apostrophes à l'oreille, assez haut pour être entendu, et assez expressives pour qu'on n'eût pas le moindre doute, que la jalousie n'en fût la cause; après quoi il met tranquillement la lettre dans sa poche, et continue de répondre au maire, comme si de rien n'était.

L'audience se termine, et la lettre est bientôt en lieu de sûreté.

Revenons à Napoléon. Nous avons vu que le messager était arrivé à l'île d'Elbe dans le mois de novembre.

La conversation franche et naïve de cet homme, avait produit sur l'empereur une impression des plus profondes. Ce n'était assurément pas un diplomate, ni un homme d'état, mais il avait beaucoup de ce bon sens naturel, et de cette vivacité propre à sa nation.

A peu près à la même époque, on avait expédié un autre individu avec des lettres pour l'empereur, et quoique Sa Majesté n'eût pas fait grand accueil à cet envoyé, par des raisons qu'il n'est pas nécessaire de mettre au jour, il n'en est pas moins vrai que cet homme avait dit également à Napoléon, qu'on l'attendait en France, et qu'on parlait de son retour comme d'un événement immanquable.

D'autre part, on peut se souvenir que le personnage des conférences de la Brie, était d'avis, dès la fin de juin, cinq mois déjà avant l'arrivée du messager à l'île d'Elbe, que l'empereur devait songer à rentrer en France bien plus qu'à la renaissance du Capitole. Ses rapports, sans doute, étaient dictés dans le sens de sa manière de voir. Leur publication aurait jeté un grand jour sur les causes qui ont amené le retour de 1815, mais, après avoir hésité, il a fini par se refuser à cette publication, que seulement il a fait espérer pour une époque plus éloignée.

Frappé de l'assurance avec laquelle le messager lui avait parlé, Napoléon prit le parti de suivre son conseil; en conséquence deux personnes éclairées, sûres, investies de sa confiance personnelle, ignorant mutuellement le sujet de la mission de l'autre, reçurent l'ordre, à huit jours d'intervalle, de partir de la Corse pour se rendre à Paris, et parcourant les départemens, de voir le Personnage en France, le président du congrès en Italie, et de rendre compte, séparément, à l'empereur directement, du résultat de leur mission.

Jusques-là, c'est-à-dire, jusqu'à la fin de novembre 1814, il est certain que Napoléon n'avait pas même eu l'idée de reparaître en France. Ceci est un fait incontestable; et lorsque la mort aura mis un petit nombre d'existences à l'abri du glaive, alors, mais seulement alors, TOUTE la vérité pourra être publiée sur les cent jours, et les pièces originales produites ; on aura la preuve authentique de ce qui ne peut aujourd'hui, qu'être uniquement affirmé.

Les deux individus remplirent leur mission, et en rendirent compte à l'empereur à peu près en même-temps. Le second des deux rapports parvint à l'île d'Elbe, dans les derniers dix jours du mois de janvier 1815.

Ces rapports portaient en substance (*tt*).

Qu'une révolution en France était non-seu-

______

(*u*) Ces rapports furent communiqués , dans les cent jours, au compilateur de l'ouvrage que l'on publie actuellement.

lement inévitable, mais encore imminente :

Que la France était sourdement travaillée par la fermentation de tous les partis en présence, s'observant et se mesurant l'un l'autre :

Que l'aristocratie ne voulait pas de la charte, et annonçait ouvertement l'intention de la renverser au profit de la contre-révolution pure et simple :

Que le clergé n'en voulait pas davantage, et se préparait à agir dans le même sens :

Que les républicains conspiraient, même assez ouvertement, pour rétablir la constitution de 1793 :

Que les royalistes constitutionnels se disposaient à remettre au jour celle de 1791 :

Que la vieille armée, ulcérée du passé, indignée du présent, inquiète pour l'avenir, ne soupirait qu'après Napoléon. Les choses en étaient venues au point, que le moindre incident pouvait la pousser jusqu'à quitter la France en masse, pour se saisir des flottes de la Méditerrannée et aller à l'île d'Elbe rappeler son empereur :

Que la grande majorité de la nation, alarmée par la certitude d'une crise dont nul ne pouvait prévoir les suites, était toute disposée à adopter le parti de l'armée, à remettre de nouveau, avec confiance, ses intérêts, son repos et sa gloire entre les mains du grand homme qui, déjà une autre fois, avait franchi les mers pour soustraire la France aux déchiremens et à la ruine dont elle était menacée :

Que la cour n'avait d'autre parti que la cour, et se trouvait en dehors et au-dessous de toutes les classes de la nation, ignorant ce qui se passait en France, tout autant que si elle eût résidé à Mittau :

Qu'enfin les puissances elles-mêmes de l'Europe, éclairées par les rapports unanimes de leurs ambassadeurs, se montraient très-mécontentes de tout ce qui se passait, et fort peu disposées à intervenir, en cas d'événemens, pour le nouveau rétablissement d'un ordre de choses qu'elles avaient ressuscité, faute de mieux, l'ayant sous la main, à peu près comme un chapeau qui garde une place (*uu*).

C'est à dater de cette époque, et seulement d'alors, que Napoléon prit le parti de rentrer en France.

Jusqu'à la fin de janvier 1815, il n'en avait eu nullement l'intention. Ceci est positif.

(*uu*) Tout annonce que si, en 1815, le gouvernement royal fût tombé, en France, d'une toute autre manière que par le retour de Napoléon, aucune puissance ne s'en serait mêlée. D'ailleurs, elles avaient toutes solennellement déclaré, en entrant à Paris en 1814, n'avoir ni le droit (ce qui est incontestable), ni l'intention (ce qui pouvait alors être vrai), d'imposer à la nation française telle forme de gouvernement plutôt que telle autre. C'est seulement plus tard qu'on a introduit, en Europe, le système d'intervention en faveur des Rois, jamais en faveur des peuples; témoins les Grecs, que des chrétiens laissent égorger impitoyablement par la légitimité mahométane.

Bien au contraire, tout atteste que l'Empereur avait goûté le plan du rétablissement de l'Empire Romain.

Deux des membres du congrès italien étaient allés le trouver à l'île d'Elbe : il avait eu des conversations fort longues avec eux, sur cet important objet (*vv*).

Il leur avait dit, plusieurs fois :

« J'ai été grand, sur le trône de la France, principalement par la force des armes, et par l'étendue de mon influence sur l'Europe entière. J'ai donné aux Français un code et des lois qui me survivront ; mais le point caractéristique de mon premier règne, c'était la gloire des conquêtes.

» A Rome, je donnerai, à cette même gloire, une direction différente. Elle sera

(*vv*) Des Anglais, même, qui s'étaient rendus comme simples voyageurs, à Porto-Ferrajo, pour voir l'Empereur, lui avaient répété, en substance, la même chose que les différents émissaires.

aussi éclatante que la première, mais elle n'aura pas le même principe. Elle sera moins retentissante, mais peut-être plus durable, car elle ne ressemblera à aucune autre.

» Je ferai des divers peuples de l'Italie une seule nation : je leur imprimerai l'unité de mœurs qui leur manque, et ce sera la plus difficile entreprise que j'aie jamais tentée.

» J'ouvrirai des routes, des canaux, des communications multipliées. L'industrie prendra son essor, en même temps que l'agriculture viendra aider la prodigieuse fécondité du sol, et acquérir les développemens immenses dont elle est susceptible.

» Je donnerai à l'Italie des lois appropriées aux Italiens : je n'ai pu faire pour eux, jusqu'ici, que du provisoire : je leur donnerai du définitif ; il durera autant que l'Empire.

» Naples, Venise, la Spezzia seront transformées en immenses chantiers de construction; j'aurai des vaisseaux et une marine formidable : je ferai de Rome un port de mer.

» Dans vingt ans, l'Italie aura trente millions d'habitans; alors elle sera, chez soi, la
plus puissante nation de l'Europe, aussi inac-
cessible aux invasions que la Russie.

» Nous nous abstiendrons des guerres de
conquête : mais j'aurai une armée brave et
forte : j'écrirai, sur ses drapeaux, ma devise
de la couronne de fer : *Guai a chi la tocca,*
et nul ne sera tenté de l'entreprendre.

Après avoir été Scipion et César en France,
je serai Camille à Rome; l'étranger cessera
de fouler le Capitole, et n'y reparaîtra plus
jamais.

» Sous mon règne, l'antique majesté du
peuple roi, s'alliera à la civilisation moderne
de mon premier Empire; et Rome égalera
Paris, sans cesser d'être à la hauteur de ses
immenses souvenirs, qu'elle associera à la
force d'institutions de Lacédémone et à l'at-
ticisme d'Athènes. J'ai été, en France, le co-

losse de la guerre. Je deviendrai, en Italie,
le colosse de la paix (*ww*) ».

Ces conversations animées, où chacun re-
connaît le génie fabuleux de Napoléon, et ces
vastes conceptions qui lui étaient si familières,
ne permettraient pas de douter de la bonne
foi avec laquelle, durant les premiers six mois
de séjour à l'île d'Elbe, il se prêtait aux projets
de renaissance de l'Empire Romain ; si déjà

(*ww*) Tel est l'ensemble, pris çà et là, d'une longue
conversation que Napoléon et, au mois d'octobre 1814,
à l'île d'Elbe, avec l'un des Italiens influens qui l'é-
taient aller trouver, dans l'intérêt du projet de renaissance de l'Empire Romain. Cet individu recueillait,
chaque fois, ce que lui avait dit Napoléon ; et il est
hors de doute, que l'Empereur, au commencement de
novembre, ne songeait encore nullement à la France :
De plus, il s'impatientait des retards que semblait éprouver la rupture entre le cabinet de Naples et celui des
Tuileries. Ces deux cours se boudaient fortement, mais
ne paraissaient pas encore très-disposées à en venir aux
mains, et c'était là le point essentiel.

une foule d'autres circonstances, comme par exemple, les différentes missions données à des émissaires pour le royaume de Naples et pour les autres pays de l'Italie, les nombreux voyages de la corvette, couverts de prétextes plus ou moins plausibles, mais n'ayant, dans le fait, qu'un but politique ; les fréquens rapports avec le président du congrès et avec deux de ses membres, non moins qu'avec les principaux émissaires ; si ces nombreuses circonstances réunies ne venaient dissiper toute espèce de doute, dans lequel l'ignorance ou la mauvaise foi pourraient seules désormais persister à cet égard.

D'ailleurs, quoique les rois de France et de Naples n'en fussent pas venus encore à une rupture ouverte, l'on se souvient que la mésintelligence, entre les deux cabinets, était déjà fort avancée.

En effet, l'almanach royal de Paris (pour ne citer qu'une seule cause d'aigreur), offrait au tableau des souverains étrangers, à l'ar-

ticle *Naples*, un renvoi à celui de *Sicile*;
tandis que le roi Joachim, usant de repré-
sailles ou de réciprocité, fesait imprimer à
l'article *France*, voyez *île d'Elbe*.

Plusieurs régimens français s'approchaient
des frontières de l'Italie, et ce n'est plus aujourd'hui un mystère, que les officiers de l'armée de Naples, exprimaient alors hautement
l'espoir de marcher en peu de temps sur
Paris.

Or, il y avait une telle démence, de part
et d'autre, à se pousser vers une rupture
dont les suites pouvaient être incalculables
pour les deux dynasties, sans que ni l'une ni
l'autre eût rien à y gagner, en supposant
toutes les chances les plus favorables (xx),
que, même en ne jugeant l'état des deux ca-

(xx) Il est également aisé de sentir que jamais le roi de
France n'aurait pu conquérir la couronne de Naples, et
que, de leur côté, les Français n'auraient pas voulu de
Joachim pour roi, dans aucune hypothèse.

binets que du connu à l'inconnu, on aurait
pu affirmer *à-priori*, qu'il existait une main
invisible qui les entraînait vers une guerre
désastreuse, derrière laquelle devaient nécessairement se trouver groupés d'autres intérêts,
que ceux de l'une ou l'autre puissance bel-
ligérante.

Et voilà ce qui a amené les cent jours (*yy*).

La solution de ce grand problême politique intéressait l'Europe et le monde : l'intérêt de l'histoire ne permettait pas qu'elle
fût plus long-temps différée.

(*yy*) Une circonstance contribua à accélérer la résolu-
tion de l'Empereur, et entraîna sa ruine.

Napoléon apprit que le congrès de Vienne avait décidé de l'envoyer à Sainte-Hélène, d'après les instances
des plénipotentiaires français. *Vim vi repellere licet*,
s'écria l'Empereur ; et il crut, en quittant son île, ne
faire qu'user du droit acquis à tout, homme comme à
tout potentat, de se défendre. Serré de près, il partit
six mois trop tôt : la coalition n'était pas encore bien
dissoute ; les Russes étaient toujours en Pologne ; il se
retrouva l'Europe entière sur les bras.

Mais les intérêts sacrés de la morale et de l'honneur, n'ont pas permis de tout publier encore, ni de rien publier plus tôt.

Il n'en faudra pas davantage, pour que bien des gens s'élèvent, contre cet écrit, en un sens tout opposé.

C'est le sort des grandes vérités, de rencontrer toujours les plus virulentes oppositions.

Ceux qui, par force, veulent qu'on ait préparé, à Fontainebleau, le retour avant le départ, ceux-là crieront de ce qu'on leur prouve le contraire, et ils auront tort de crier (zz).

(zz) Dans les premiers jours de mars 1815 et à la première annonce du retour de l'Empereur en France, l'un de ceux qui s'y trouvaient dans l'intérêt de l'Italie, peu surpris de la nouvelle, mais infiniment étonné du point que l'on assignait au débarquement, persista d'abord à le nier pendant deux jours, offrant de parier double le contraire : plus tard, et même en apprenant l'entrée à Grenoble, il crut que le vent, ou des circonstances non

Ceux qui veulent qu'on ait improvisé les *cent jours* la veille de l'embarquement, ceux-là crieront encore, et auront également tort de crier.

Ceux qui ne demandent que la vérité, liront avec intérêt toute celle qui a pu leur être dite aujourd'hui, et attendront, avec patience, le temps où il sera permis de la publier en entier. Ils se souviendront de ce sage qui, au même moment où il éclairait les hommes, s'écriait en vrai sage : *Si toutes les vérités de la terre étaient renfermées dans ma main, je me garderais bien de l'ouvrir.*

encore connues, avaient forcé Napoléon de se jeter sur la côte de France, d'y chercher un point d'appui, d'où il put pénétrer en Italie. Ce furent seulement les publications de Lyon qui lui ouvrirent les yeux. Un an plus tard, cette contestation fut convertie en crime pour l'un des dissidens, et donné, comme une manœuvre volontaire de sa part, dans le but de paralyser l'action de l'autorité locale en faveur des Bourbons.

FIN.

TABLE.

ERRATA.

PAGE.	LIGNE.	
13	6.	Sire, quand vous vous surpasseriez vous-même, jamais vous ne pourriez aller...... *lisez* : Sire, parvinssiez-vous à vous surpasser vous-même, jamais vous n'iriez, etc.
18	14.	Les présidens et membres, *lisez* : les président et membres.
31	3.	Ni fils d'étranger, *lisez* : ni le fils d'étranger.
33	5.	En aucuu prétexte, *lisez* : sous aucnn prétexte.
35	4.	Partage du pouvoir, *lisez* : partage des pouvoirs.
36	1.	De toutes armes, *lisez* : de toute arme.
41	3.	Être ministres à portefeuilles, ministres d'état ni ambassadeurs, évêques ou archevêques, *lisez* : être ministre à portefeuille, ministre d'état ni ambassadeur, évêque ou archevêque, etc.
42	3.	Et la prestation, *lisez* : et après la prestation.
59	21.	Il ne faut pas que la chose, *lisez* : il ne faut pas que le choc.
68	8.	D'un grand talent politique, *lisez* : d'un grand calibre.
70	11.	Selon son aptitude et son mérite, *lisez* : selon son étoffe.